EL CAMINO DEL FENG SHUI

Jon Sandifer

El camino del Feng Shui

EDICIONES URANO

Argentina - Chile - Colombia - España
Estados Unidos - México - Venezuela

Título original: *Feng Shui Journey*
Editor original: Judy Piatkus, Ltd., Londres
Traducción: Montserrat Gurguí

ISBN: 84-7953-376-5
Depósito legal: B-33.391-2001

Fotocomposición: Ediciones Urano, S. A.
Impreso por I. G. Puresa, S. A. - Girona, 206 - 08203 Sabadell (Barcelona)

Printed in Spain - Impreso en España

Dedicatoria

A mi hermana Mary, que en 1995
me hizo un regalo para el resto de mi vida:
uno de sus riñones,
permitiéndome continuar mi viaje.

Índice

Agradecimientos

A todos los que me han inspirado en mi viaje
de descubrimiento a lo largo de los años.

A mis compañeros de 1967 y 1969 en el Kilimanjaro, de 1970 en Spitzbergen, y de 1970 a 1976 cuando recorría 52 países por todo el mundo.

Al personal directivo, profesores, voluntarios, estudiantes y clientes del East West Centre de Londres, de 1977 a 1994.

A los que me hospedaron en todos los países donde impartí clases: Alemania, Austria, Bélgica, Chequia, Croacia, España, Estados Unidos, Francia, Holanda, Irlanda, Islandia, Israel, Italia, Kenia, Noruega, Portugal, Sudáfrica y Suiza.

A los autores que han hecho más accesible el Feng Shui en Occidente, entre los cuales están W. K. Chu, Evelyn Lip, Lilian Too, Raymond Lo, W. A. Sherrill, Man-Ho Kwok, Eva Wong y, por supuesto, sus profesores.

A todos mis amigos y colegas en mi propio camino Feng Shui, que gracias a su visión y penetración han sido para mí fuente de recursos y apoyo: Karen Ayers, Simon Brown, Denny Fairchild, Richard Creightmore, Jan Cisek, Steven Devine, Bob Sachs, Ron Chin, Stephen Skinner, William Spear, Takashi Yoshikawa, Gina Lazenby, Karen Kingston, Tony Holdsworth, Kajal Sheth, Roger Green, Denise Linn y James Moser. A todos: muchas gracias.

Prefacio

Mi interés por el Feng Shui despertó por primera vez en 1976 cuando, como profesor de geografía, descubrí una reveladora manera de comprender el paisaje. Los expertos chinos en Feng Shui no veían el paisaje como un conjunto de piedras y tierra sino que lo consideraban algo vivo. A partir de esta vida y de esta energía que fluye por el suelo, supieron claramente dónde construir sus casas, pueblos y ciudades en los lugares en los que más podían beneficiarse de este flujo de energía y, como consecuencia, florecer y prosperar. Para un geógrafo esa perspectiva era extraordinaria, y el Feng Shui me fascinó de inmediato.

Veinte años más tarde, en la década de los noventa, el centro de la atención la atrajeron los interiores de los hogares y de las oficinas, y el Feng Shui de las Ocho Casas se hizo muy popular. Las energías vivas del Feng Shui se orientaron a la mejora de las relaciones, al logro de la fama y la fortuna y a la ampliación de las perspectivas profesionales.

En este libro, Jon lleva el Feng Shui un paso más allá y relaciona los conceptos chinos del yin y el yang y la teoría de los Cinco Elementos con el viaje personal de cada uno en esta vida. Utiliza estos principios y los relaciona con su propia experiencia al trasladarse de un clima de calores extremos a uno frío y húmedo. Relaciona el Feng Shui con las artes adivinatorias a través del *I Ching* y con el sistema japonés de astrología conocido como el Ki de las Nueve Estrellas, y explica el Feng Shui en términos más humanos.

Con el estudio minucioso de las diferentes escuelas de pensamiento que se agrupan para crear la riqueza del Feng Shui, Jon ayuda a disipar algunas de las dificultades que suelen tener los principiantes con esta compleja disciplina. Los relatos de su experiencia contribuyen a ejemplificar unos conceptos que, de otro modo, serían de difícil comprensión para el lector.

En 1998, con la aparición de mi revista *Feng Shui for Modern Life*, quedó claro que todo el mundo, o al menos todas las mujeres del Reino Unido, tienen una idea aproximada de lo que es el Feng Shui, pero lo que cuenta es que sólo es aproximada. Muchos, cuando se les pregunta por el Feng Shui, dicen que es eso de «tener cerrada la tapa del váter para evitar que por él se escapen el chi y la riqueza...». Otros dirán que es un sistema oriental para conseguir lo que uno quiere, o una extensión de la astrología china. El libro de Jon contribuye a tender puentes entre estos sistemas y ayuda a integrar el Feng Shui, y en general la práctica china, en el contexto de la vida y de la cultura de Occidente.

El libro también contiene abundante información y nos ofrece métodos sencillos para calcular los números del Ki de las Nueve Estrellas y comprender cómo nos afectan en nuestro aspecto físico, salud y constitución junto con unas recomendaciones Feng Shui para mejorar cualquier deficiencia que hayamos descubierto.

Jon trabaja lo que él llama el Feng Shui interior, que es el equilibrio del yin y el yang, para corregir el equilibrio de la energía en los distintos órganos corporales, relacionándolos con nuestra conducta y nuestra salud. Las minuciosas explicaciones sobre cómo mejorar el Feng Shui en casa o en la oficina concluyen con una auténtica puesta al día de esta disciplina en este cambio de milenio, relacionándolo con todo tipo de fenómenos electrónicos del último año del siglo XX.

El camino del Feng Shui aborda el tema de una manera única y nos lleva más allá de la teoría para demostrar que el Feng Shui puede sernos enormemente beneficioso en nuestro viaje por la vida.

STEPHEN SKINNER
Londres, 1999

Introducción

Feng Shui (que significa «viento» y «agua») es el antiguo arte de la ubicación. Es una filosofía oriental que, entre otras cosas, determina cómo colocamos y estructuramos los objetos que conforman nuestro espacio vital personal para lograr los máximos beneficios en cuanto a salud, paz mental, éxito financiero, satisfacción laboral y plenitud espiritual. Pero los maestros chinos que desarrollaron la filosofía del Feng Shui hace miles de años nunca pretendieron sugerir que todos esos maravillosos beneficios podían lograrse sólo con una reubicación de los objetos externos que conforman nuestra realidad física, sino todo lo contrario. Los antiguos creían que tiene que prestarse la misma atención a la persona interior en lo referente a su estilo de vida, como el ejercicio y la dieta, la canalización de las fuerzas de energía naturales y el trabajo en colaboración con la poderosa influencia de las estrellas. Este enfoque interiorizado de la salud es el «Feng Shui interior». Incorporar el Feng Shui interior y el exterior a nuestra vida cotidiana debe considerarse un viaje de conocimiento en el que, por el camino, se integran otras importantes técnicas espirituales.

Mi viaje personal que, en última instancia, me llevó al Feng Shui, recibió una enorme influencia de la infancia y adolescencia que viví en Kenia. Los espacios abiertos, el bullicioso puerto comercial de Mombasa donde me crié, junto con las aventuras de la ascensión al Kilimanjaro en dos ocasiones durante la adolescencia, me abrieron un gran apetito de viajes y exploraciones. Cuando tenía diecisiete años y estudiaba en el Reino Unido, participé con tres amigos en una expedición a Spitzbergen, en el Ártico. Este viaje significó un importante punto de inflexión en mi vida y marcó el inicio de mi búsqueda de conocimiento del mundo y de mí mismo fuera de los habituales estudios académicos. A mi regreso del Ártico, cogí de nuevo la mochila y el saco de dormir, el pasaporte y algo de dinero, y me dirigí a Dover, desde donde empecé un viaje alrededor del mundo que duró seis años y me llevó a 52 países. Trabajé en barcos y minas, dormí al raso y viví con nativos de los países que visité, y durante todo ese tiempo, no tuve ningún problema de salud ni mi seguridad corrió peligro alguno.

Fue en ese viaje, en 1972, cuando tuve la fortuna de recibir la primera introducción a las fuerzas opuestas, aunque complementarias, del yin y el yang. Me llegó como un regalo en forma de libro, el *Tao Te King* (o *Tao Te Ching*), escrito por el filósofo chino Lao Tse unos quinientos años antes de Cristo. Es una exposición muy sencilla aunque atemporal del funcionamiento de la dinámica del yin y el yang a nivel social, moral y cósmico. Al cabo de un tiempo, a mi gastado ejemplar del Tao se unió mi gran descubrimiento siguiente, el *I Ching* o *Libro de los Cambios*. Este antiguo oráculo me ayudó a «arraigar» mi intuición y a confiar en ella al tiempo que seguía mi viaje alrededor del mundo. Finalmente, en 1976 me establecí en el Reino Unido y decidí que quería estudiar todos los sistemas existentes que se basaran en el yin/yang con vistas a practicarlos o a enseñarlos en el futuro. Esto me llevó, al principio, a aprender meditación y aikido, un arte marcial japonés, así como una técnica de masaje, también japonesa, llamada shiatsu. Estos tres sistemas me dieron unas bases prácticas para mi comprensión de la energía chi, la fuerza vital que mueve todas las cosas. Posteriormente he practicado el shiatsu, y más tarde lo he enseñado.

Después de pasar los seis años previos viajando y viviendo sobre todo en países del Tercer Mundo, me había acostumbrado a comer los productos naturales originarios de cada lugar. En cambio, al establecerme en Occidente, mi dieta empezó a tener una alta proporción de pan y bollería, patatas, carne, azúcar y lácteos. Descubrí que esta nueva dieta, combinada con el frío y la humedad del Reino Unido, afectaba a mi chi. Un compañero de estudios me sugirió que investigara la macrobiótica, ya que aborda la dieta y el estilo de vida desde una perspectiva yin/yang. Adopté este sistema y me resultó evidente que, fundamentalmente, la macrobiótica es más una filosofía que una dieta. A los pocos meses, me descubrí con una resistencia, flexibilidad y vitalidad asombrosas, como nunca en la vida había experimentado. Asistí a unos seminarios del maestro japonés Michio Kushi, en el que explicó los principios del sistema, y también nos introdujo en un aspecto de la astrología oriental llamado el Ki de las Nueve Estrellas. Se basaba en las relaciones yin/yang, y también estaba vinculado con el *I Ching*. Enseguida me sentí a gusto con el sistema. Kushi también me introdujo en el fascinante arte de la Diagnosis oriental. Sin pérdida de tiempo, me matriculé en su instituto de Londres para aprender todo lo que me fuera posible de estas disciplinas. Al cabo de unos años, llegué a dirigir su centro de Londres, trabajando en la planificación y coordinación de las actividades académicas con otros directores de Europa y de Estados Unidos. De este programa único se han beneficiado miles de alumnos en todo el mundo.

En los años que me he dedicado a enseñar y a aconsejar sobre la salud y su relación con el estilo de vida, el ejercicio y la dieta, he utilizado los principios de la Diagnosis oriental para valorar el estado físico. El diagnóstico facial, el diagnóstico de la salud, el diagnóstico por la lengua y las preguntas acerca de la dieta y el estilo de vida me daban muchas de las respuestas. En otras ocasiones, al utilizar la astrología de las Nueve Estrellas a partir de la fecha de nacimiento de los pacientes, veía que en esos momentos estaban ocupando una casa que podía llevarles a cierto desequilibrio en la salud. Cuando ensanché mis horizontes para abarcar áreas que, por lo general, están más allá del alcance de la Diagnosis oriental, desarrollé, a partir de la astrología de las Nueve Estrellas, una comprensión de nuestras relaciones, de nuestro bienestar emocional e incluso de nuestro destino. Pero seguía pensando que faltaba un eslabón. Aunque me había ocupado brevemente del Feng Shui al iniciar mis estudios de filosofía oriental en los setenta, había muy pocos maestros o libros que me permitieran seguir avanzando en esa disciplina. En los últimos diez años ha aparecido mucha información, y ahora veo claramente que este tema era el eslabón que faltaba en mi capacidad de comprender por completo nuestro estado y nuestro destino. Ahora sé con toda seguridad que el Feng Shui ofrece un punto de arranque vital para hacer realidad nuestros sueños, fortalecer nuestra salud y arraigar nuestra intuición de una manera muy práctica.

Cuando empecé a trabajar como consejero de Feng Shui, únicamente practicaba lo que había aprendido desde una perspectiva tradicional de este arte. Por supuesto que también era eso lo que buscaba el cliente. De repente, comprendí que mis clientes esperaban que se dieran cambios importantes en su vida realizando simples reajustes en su vida cotidiana. Sin embargo, todos los años de estudio y práctica de Diagnosis oriental me permitieron ver las cosas desde una perspectiva más amplia. Primero, advertí que las personas me llamaban a sus casas sólo cuando había problemas. Segundo, el cliente siempre creía que el problema se resolvería haciendo sólo ajustes en el espacio. Tercero, vi que, si bien los clientes se avenían a hacer cambios en su mundo externo, rara vez se miraban a sí mismos. Sin lugar a dudas, muchas veces había fallos de Feng Shui fundamentales en sus casas. Estos fallos van desde los ejemplos patentes de energía negativa, como la existencia de vigas sobre las camas, camas inestables, objetos de cristal colgados en sectores inadecuados de la casa, hasta ejemplos de estrés electromagnético y geopático. En algunos casos, el ocupante de la casa había heredado energía negativa de sus anteriores habitantes. En otros, con mi conocimiento de la astrología de las Nueve Estrellas, se hacía obvio que habían realizado un traslado muy arriesgado, o que el momento en que se habían trasladado no era el oportuno. Gracias a la Diagnosis oriental, notaba que muchos de los problemas de mis clientes estaban básicamente relacionados con la salud física, su estilo de vida, o con los problemas sin resolver en el trabajo, con la familia o con la pareja.

En estos últimos años, he tenido el privilegio de trabajar con muchos clientes, y ellos son la inspiración que se encuentra tras este libro. Llegué a creer que si lograba combinar la sabiduría del Feng Shui con un sistema astrológico práctico y fácil de comprender y una manera de abordar nuestra salud (el Feng Shui interior), podría marcar diferencias profundas en las vidas de esas personas. También he querido presentar esta información de una forma accesible, educativa y flexible, y que dé a cada uno la oportunidad de dar forma a su propio destino. *El camino del Feng Shui* es el resultado.

Comenzaré explicando los principios básicos, la dinámica y las herramientas que se combinan en la astrología de las Nueve Estrellas, la medicina oriental y el Feng Shui. Estos tres sistemas se inspiran en el yin y el yang y en los Cinco Elementos del *I Ching*. Después explicaré la astrología de las Nueve Estrellas, que te proporcionará un conocimiento profundo de quién eres y de qué direcciones seguir en tu viaje personal. El apartado siguiente está dedicado al Feng Shui interior, o la salud, a través de una interpretación más moderna de la medicina oriental tradicional. En este viaje, es vital poder lograr cambios en la salud y reflexionar de vez en cuando sobre nuestro estado. También he querido poner de manifiesto el vínculo más importante de todos entre estos sistemas, que es la conciencia de saber lo que está pasando. A continuación, me dedicaré al Feng Shui tradicional. En esta parte del libro, introduciré al lector en dos áreas, la primera de las cuales, la Escuela de la Forma, es común a todas las diferentes escuelas de Feng Shui. Después, para una sintonía más fina, utilizaré uno de los niveles de la Escuela del Feng Shui de la Brújula, conocida como sistema de las Ocho Direcciones, que es el más fácil de comprender y aplicar a nuestra vida cotidiana.

Creo que, con el estudio de estas tres disciplinas, daré al lector los fundamentos, las técnicas básicas y, lo que es más importante de todo, la independencia para practicar el Feng Shui con independencia y eficacia. En fin de cuentas, ¿quién es el único responsable de la vida, el futuro y el destino de cada uno?

Primera parte

Filosofía y conceptos del Feng Shui

Capítulo 1

¿Qué es el Feng Shui?

Historia del Feng Shui

El Feng Shui es tan antiguo como las montañas, y ahí fue precisamente donde se originó. Los primeros datos que nos llegan del Feng Shui proceden de la región montañosa del sudoeste de China durante la dinastía Han (200 a.C. - 200 de la era cristiana). En esta región se desarrolló el arte predecesor del Feng Shui moderno, conocido como la Escuela de la Forma.

La escarpada topografía fue el factor que inspiró a buscar ubicaciones en el paisaje que tuvieran Sheng Chi o energía chi positiva, lugares donde construir casas y cementerios. Esta energía protegía a los habitantes y, en el caso de los cementerios, permitía que el chi de los muertos permaneciera, a modo de «telón de fondo», como apoyo a sus descendientes. Esta temprana apreciación de que el paisaje es una entidad viva, que respira y que está cargada de energía chi, es la espina dorsal de la Escuela de la Forma. La energía chi es potencialmente alteradora y destructora a la vez que armónica y vigorizador. Con conocimientos, experiencia e intuición, estos primeros practicantes podían detectar dónde se daba un chi auspicioso y guiar a los que no eran conscientes de su sutil presencia a los lugares idóneos para construir las casas o los cementerios.

Esta percepción de la importancia de la energía chi impregna también todo el pensamiento chino antiguo, e incluso el actual, en las disciplinas que se ocupan del funcionamiento del cuerpo. La

La percepción de Feng Shui del paisaje y de nuestro entorno como organismo vivo y armonioso es también el cimiento en el que se apoya el concepto chino del funcionamiento de nuestro cuerpo.

acupuntura es un excelente ejemplo de cómo un acupuntor experimentado puede detectar dónde queda bloqueado o se hiperactiva el chi de un cliente, y puede devolverle el equilibrio mediante el tratamiento adecuado. El Feng Shui y la medicina china tienen otro importante factor en común: ¡Más vale prevenir que curar! Alimenta, da combustible y energiza tu cuerpo de manera apropiada y evitarás las enfermedades. Del mismo modo, encontrar una casa en una posición bien protegida a la vez que energizada, te ayudará a evitar los problemas y las dificultades en la vida.

La Escuela de la Forma se depuró aún más en el año 888 de nuestra era, con las enseñanzas y la práctica de Yang Yun Sung que era, en esa época, consejero del emperador. Muchos eruditos lo consideran el precursor de una interpretación moderna del Feng Shui llamada Escuela de la Brújula. Sus obras siguen siendo manuales clásicos. Unos cien años después, con la dinastía Song, fueron adaptados y refinados todavía más por Wang Chin, que es ahora la influencia principal en la mayor parte del material estudiado y practicado por la Escuela de la Brújula. Esta variante del Feng Shui se desarrolló en las llanuras del sudeste de China, donde era difícil, por el paisaje, aplicar los principios de la Escuela de la Forma, ya que éstos se inspiraban en las tierras montañosas del sudoeste.

La Escuela de la Brújula incorpora muchos aspectos de la Escuela de la Forma (todas las escuelas modernas reconocen la importancia de los principios de la Escuela de la Forma). Esto implica darse cuenta de cómo la energía chi fluye no sólo dentro de la casa, sino también en su entorno. Ser capaz de evaluar si la energía chi es beneficiosa para la propiedad o la «ataca», es un trabajo fundamental de la Escuela de la Forma. El principio de tener un «apoyo» detrás de uno o de su casa, como una montaña, está sacado directamente de la Escuela de la Forma. Sin embargo, la Escuela de la Brújula aporta más profundidad, es más científica y, durante los últimos siglos, ha evolucionado en muchas direcciones. No todos los aspectos de las dos escuelas son coincidentes, pero lo que tienen en común es su fundamental conocimiento del chi y el descubrimiento de quiénes somos tanto en el tiempo como en el espacio.

EL Feng Shui actual

Sólo unos pocos eruditos y practicantes han comprendido verdaderamente el Feng Shui tradicional, que era utilizado por emperadores, gobernantes y jefes militares para que los beneficiara y los protegiera. La persona de la calle apenas tenía acceso a la ciencia de la Escuela de la Brújula de Feng Shui. Aunque los ricos mercaderes pidieran consejo a los practicantes para que los ayudaran a proteger a sus familias y sus posesiones, y para aumentar sus oportunidades de éxito, este complejo y fascinante sistema no era ampliamente comprendido. Como consecuencia de ello, aunque muchos lo respetaban y veneraban, otros lo consideraban una superstición. El gran interés suscitado por el tema en los últimos diez años ha llevado el Feng Shui a un nuevo nivel. Por primera vez, todo el mundo tiene la oportunidad de comprender las bases y de empezar a utilizar muchos de sus remedios y complejas fórmulas en su vida.

En la actualidad, hay varios cientos de libros sobre el Feng Shui, así como revistas, publicaciones, sociedades y asociaciones, escuelas donde aprender esta disciplina, sitios web y tiendas en las que se venden muchos de los remedios Feng Shui. Ante tal cantidad de información, tenemos que encontrar el propio camino dentro de los distintos estilos y enfoques que existen en el Feng Shui. En esencia, todos son igualmente válidos. Todas las interpretaciones de las distintas escuelas de Feng Shui tienen el mismo objetivo: proporcionar buena fortuna y prosperidad al cliente o al jefe del hogar. Pero esto suele crear dilemas a los principiantes mientras se abren camino entre los distintos enfoques para decidir cuál utilizar. Cuando los principiantes intentan integrar dos o tres estilos distintos, y se encuentran con interpretaciones opuestas de lo que es esencialmente la misma cuestión, se crean confusiones e incluso malentendidos.

Intentaré explicar brevemente, a partir de mi experiencia, por qué se ha creado tal confusión. Primero, es importante reconocer que todo este maravilloso material se originó en China, pero que determinados aspectos del Feng Shui tienen alguna influencia de la India y del Tíbet, sobre todo en lo que se refiere a la astrología. Segundo: el Feng Shui, como otros muchos sistemas, ciencias, artes, filosofías, religiones y prácticas chinas, ha sobrevivido a numerosas revoluciones en los últimos milenios. La información que nos ha llegado ha sobrevivido intacta. Sin embargo, nos ha llegado por vías distintas. En la década de los cuarenta, durante la revolución de Mao, una de las más violentas de las muchas de la historia del país, un grupo de habitantes, liderado por Chang Kai Chek, se refugiaron en la isla de Taiwán (Formosa). Llevaron consigo no sólo la esperanza y los sueños de volver a su tierra natal sino también su herencia cultural. De esta isla surgió buena parte de la esencia y del refinamiento de lo que se conoce como el Feng Shui de las Ocho Casas.

Hong Kong es otro poderoso lugar de encuentro en el que la confluencia de conocimientos de Oriente y de Occidente dieron lugar a una de las más asombrosas escuelas de Feng Shui del mundo. La combinación del trabajo duro del pueblo chino con la riqueza y la profundidad de su práctica del Feng Shui se fusionaron en el siglo XIX con las cualidades dinámicas de los colonos escoceses, que eran los principales responsables del desarrollo económico de Hong Kong. Es ahí donde, en la actualidad, se enseña y se practica la esencia de dos estilos de Feng Shui astrológico basado en la brújula: la Estrella Voladora y los Cuatro Pilares.

Malaisia y Singapur, como todas las demás escuelas de Feng Shui, utilizan los principios básicos de la Escuela de la Forma,

Orígenes del Feng Shui

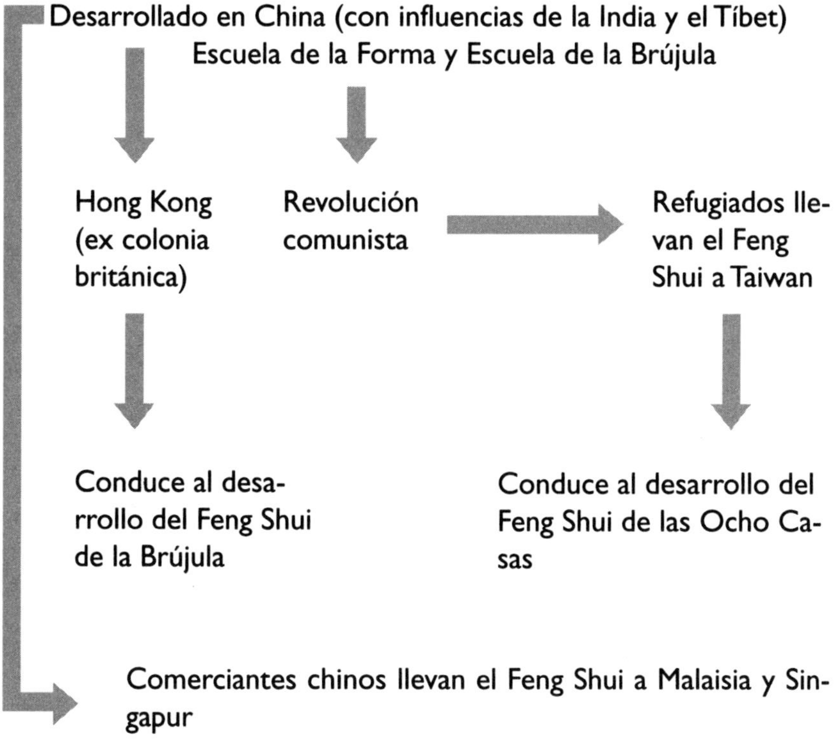

pero también tienen acceso a la Estrella Voladora, los Cuatro Pilares y las Ocho Casas de Taiwan. En Occidente, la principal influencia en las dos últimas décadas ha sido la obra del profesor Lin Yun, que introdujo en Estados Unidos su estilo particular de Feng Shui, inspirado en la secta de los Bonetes Negros del budismo tántrico tibetano.

Sin lugar a dudas, la cantidad de estilos y tendencias existentes actualmente en el Feng Shui pueden causar desconcierto, aunque, a mí, personalmente, siempre me ha resultado muy estimulante encontrar mi propio camino entre tanto material, porque, en la base de todo ello, todos los sistemas giran alrededor de un factor común, que es el yin y el yang. Volveré sobre esta cuestión a lo largo de todo el libro.

El Feng Shui contemporáneo

El mayor dilema que muchos de nosotros tenemos que afrontar hoy en día es cómo ganar tiempo. Para muchos, es un bien más importante que el oro. Creemos que la salud, la riqueza, la prosperidad, la fortuna y las buenas relaciones podrían obtenerse sólo con que tuviéramos más tiempo. Este dilema nos acecha también cuando empezamos a tomarnos un interés más profundo por el Feng Shui. Para hacer justicia a esta disciplina, necesitamos leer, investigar, practicar, cuestionarnos los resultados y luego, aplicar la técnica.

Exploración del Feng Shui

- *Lee revistas y libros*
- *Contrata a un profesional*
- *Integra plenamente tu estado emocional y de salud con tus objetivos vitales en la práctica del Feng Shui*

Muchas personas han conocido el Feng Shui a través de un libro, un periódico, una revista o un programa de radio o de televisión. Algunas han leído varios libros sobre el tema e incluso han hecho un cursillo o un seminario durante un fin de semana. Inspiradas por la breve introducción de este arte, vuelven a casa y hacen algún reajuste básico en la disposición de las habitaciones, o ponen un remedio, como un cristal, en el sector de la casa que represente el matrimonio o la riqueza. Y después de hacerlo, he visto que se limitan a aguardar, con la esperanza de que se produzca un cambio. Pues bien, lo que falta, a menudo, en este estadio inicial del Feng Shui, es vernos a nosotros mismos desde una perspectiva más amplia.

Me encanta que el Feng Shui y las prácticas relacionadas con él sean cada vez más habituales en nuestra sociedad, porque ayudarán a muchos a ser más conscientes de su espacio y de la disposición básica de su casa. A todos nos beneficia tener una casa ordenada y que integre elementos del mundo exterior, como plantas, fuentes y un aumento de la luz a través del uso de cristales, por ejemplo. Pero también debemos comprender que contribuimos a crear nuestro destino, nuestro viaje por la vida. Tenemos que examinar nuestra salud y nuestra situación actual, y luego añadir nuestra casa a esta ecuación. Todo esto requiere tiempo e, idealmente, tendría que ser sencillo y práctico.

Otras personas buscan un consejero de Feng Shui en una escuela, asociación o a través de los amigos, y lo llevan a casa para que las asesore. Esta es una buena manera de ahorrar tiempo. Un experto recurre a su experiencia de muchos años y dará consejos sobre los pasos prácticos que hay que dar para mejorar el hogar. La principal ventaja de este enfoque es que el consejero suele ser más objetivo que uno mismo en el análisis del espacio. Algunos consejeros abordarán la cuestión de una manera muy científica o analítica, mientras que otros se inclinarán más por la intuición y lo que sienten a la hora de asesorar. Y como con cualquier otro tipo de profesional, hay que pagar el servicio, y, como es lógico, se espera un resultado.

El inconveniente principal de este enfoque es que tiene el potencial de excluir al consultante fuera de la ecuación en la que se manifiesta el cambio que éste busca. En mi opinión, el consultante es el componente más vital en cualquier análisis de Feng Shui; en teoría, es el instigador de cualquier cambio. Tenemos que ser conscientes de cómo funciona el Feng Shui y comprender la naturaleza cambiante del paisaje (Feng Shui espacial), junto con el descubrimiento de dónde nos encontramos en nuestro viaje por la vida (Feng Shui astrológico).

La magia del Feng Shui

No vivimos en un mundo perfecto, ¡y, en realidad, creo que si lo fuese, la vida resultaría aburrida! Si queremos avanzar, tendremos que abordar las dificultades, los desafíos, los conflictos y hasta los problemas de salud con un enfoque nuevo. En vez de creer que somos víctimas de las circunstancias y pedir a otro que nos resuelva los problemas, la respuesta está en descubrir la causa, determinar nuestra responsabilidad en el problema y decidir qué hacer para efectuar el cambio. Algunos aspectos del Feng Shui pueden utilizarse como protección personal, para la familia, la fama, la riqueza, e incluso para la buena fortuna. También puede utilizarse para equilibrar una situación, ya que nos proporciona una plataforma más estable y fuerte desde la que avanzar. El Feng Shui incrementa las posibilidades de alcanzar el éxito en la vida. A fin de beneficiarse verdaderamente de esta disciplina, hay que comprender sus cimientos, lo que, a menudo, se pasa por alto en los enfoques orientados sólo a lograr el objetivo.

Como profesional del Feng Shui y con tantos colegas en este campo, inspira respeto dedicar tiempo a intercambiar anécdotas en las que el Feng Shui ha cambiado por completo la vida o la fortuna de los clientes. En este sentido, quiero compartir con el lector un ejemplo de mi propia vida en el que, al principio, fui incapaz de ver lo más obvio. Hace unos años, decidí que quería dedicarme a escribir como complemento a mi trabajo en la enseñanza y en la práctica del Feng Shui. Tenía muy claro sobre qué temas quería escribir y qué tiempo me llevaría. Pero no tenía agente literario, ni editor, sólo una bandeja llena de corteses negativas que me habían enviado algunas editoriales. Pero como todo eso no me desalentó, decidí reservarme una habitación de la casa, una habitación pequeña como un caja, donde poder empezar a estudiar y a escribir. Estaba muy contento con mis esfuerzos, dadas las limitaciones de espacio de la habitación, pero, un día, vino un amigo a comer, echó un vistazo a mi estudio y lo que dijo, pese a su cortesía, me dejó absolutamente destrozado. Yo todavía era un principiante, y en las veinticuatro horas siguientes reordené rápidamente el estudio.

Para empezar, estaba sentado en medio de una corriente de chi, entre la puerta y la ventana opuesta, lo cual distraía mis ideas y mi inspiración. ¡El escritorio desde donde esperaba transmitir palabras sabias era un simple trozo de conglomerado soportado por dos caballetes! Después, me sentaba sobre una silla plegable roja de jardín sin apoyo en la espalda, aguantando estoicamente la incomodidad. Además, la mesa estaba frente a una pared vacía, mientras que en el lado de la habitación que representaba la fama había una vieja foto en blanco y negro de un coche de rallies circulando por una carretera llena de barro, un coche que yo había tenido en Kenya y con el que había ganado una competición. Pero, ¿quería que me conocieran por esa imagen? El barro, las dificultades, ¿eran el reflejo de lo que me inspiraba? A mis espaldas, en el suelo, se apilaban libros, blocs de notas, cintas de audio, los valiosos materiales de estudio que había acumulado con los años, mientras que las estanterías del otro lado estaban llenas a rebosar de más libros y cuadernos.

Transformé el espacio en veinticuatro horas. Puse una mesa estable, la aparté de la pared y la situé en un lugar desde el que viera bien la puerta, una silla de oficina sustituyó a la de jardín, y todas las notas y libros que no necesitaba fueron relegados al desván

La colocación del escritorio con una pared detrás de la silla y un cuadro inspirador enfrente puede fomentar progresos profesionales.

junto con mi preciada fotografía. Cuando terminé, noté como una vibración en el nuevo espacio. Estaba vivo y preparado para ser el soporte de cualquier misión que yo tuviera entre manos. En las semanas siguientes, tuve un éxito rotundo en mi relación con los editores, ¡que culminó con la firma de tres contratos con tres editoriales distintas! Llegado a este punto, decidí que lo mejor sería aquietar y estabilizar el Feng Shui de la estancia para poder cumplir con los compromisos y acabar el trabajo.

Al cabo de un par de años, pensé que podría recuperar el equilibrio en el sector sudoeste de la sala de estar si ponía un árbol del dinero (*Crassula argentea*). Poco después, mientras leía los anuncios de «en venta» en el periódico local en busca de una bicicleta de segunda mano para uno de mis seis hijos, vi un mensaje en una columna completamente distinta. Decía: «Vendo planta del dinero porque ya no cabe en casa. El comprador tendrá que pasar a recogerla».

Aquello me pareció un presagio y llamé para ir a ver la planta. Quedé absolutamente asombrado por aquel grueso árbol del dinero, que necesitó la fuerza de tres personas para trasladarlo e instalarlo en casa. Cuidado con todo el amor por su anterior propietario, «Henry» se puso a trabajar en seguida. A los dos días, me llegó la noticia de que uno de mis libros iba a publicarse en Estados Unidos, un sueño para cualquier autor británico.

Cielo, tierra, hombre

Mi manera de abordar el Feng Shui en este libro es al mismo tiempo práctica y corroborada por la experiencia de mi propio viaje. Por los muchos años que llevo trabajando con disciplinas orientales, puedo responder de su fiabilidad y del profundo impacto que tienen en nosotros. Para beneficiarse por completo del Feng Shui, es esencial tener un verdadero conocimiento de sus bases. ¿Qué es la energía chi? ¿Cuál es la dinámica del yin y el yang y de los Cinco Elementos? ¿Cuál es la conexión entre el mundo interior y el exterior? Por más brillantemente orientado que esté tu Feng Shui, no tendrá efectos duraderos si no estás preparado para recibir el cambio de manera positiva en muchos niveles diferentes.

¿Has ido alguna vez a un homeópata? Si lo has hecho, te habrá dado un remedio que, si bien es increíblemente sutil, puede tener un efecto profundo. Pero ¿qué consejos te habrá dado para el tratamiento? Normalmente, te dirá que no tomes café, azúcar, alcohol, ni ningún otro producto considerado «extremo», que impediría o amortiguaría el éxito de una medicina de vibraciones tan sutiles como la homeopatía.

Los mismos principios valen para el Feng Shui. El auténtico poder del Feng Shui reside en:

1. Tu implicación

y

2. Preparar el escenario para el cambio.

El motivo por el que he decidido probar un sistema concreto de astrología con aspectos de la medicina china tradicional y el Feng Shui espacial es porque creo que estas prácticas están relacionadas entre sí. Representan, en esencia, la naturaleza que subyace en la filosofía oriental. Las tres líneas que forman un trigrama, o símbolo espiritual, en el *I Ching* expresan la misma idea: el Hombre (la humanidad, cada uno, nuestra salud, nuestro destino) está bajo la influencia del Cielo (nuestro hado, nuestro destino, nuestra astrología) y de la Tierra (nuestro entorno, nuestra ubicación, nuestro Feng Shui).

La importancia de aprender los principios dinámicos que mueven estos sistemas es que nos dan una mayor flexibilidad y una amplitud de conocimiento en todas las maneras posibles de interpretar el material. En todos mis años de profesor, he intentado comunicar la simplicidad de estos enfoques, para que fueran accesibles a las mentes occidentales y adaptables a nuestra cultura y estilo de vida actuales, y, lo que es más importante, presentar el material de una manera que no permitiera a los estudiantes y clientes abordar esta disciplina de una forma dogmática. Tras veinte años dedicado a la enseñanza, lo que más me preocupa es el dogmatismo. Para mí, el Feng Shui trata esencialmente del diseño de nuestro destino, ayudándonos a sacar el máximo partido de nuestra salud y a obtener una profunda y auténtica sensación de libertad. El dogma realmente no encaja en esta ecuación.

El Feng Shui sirve fundamentalmente para diseñar tu propio futuro, para ayudarte a potenciar la salud y para alcanzar una sensación de libertad profunda y verdadera.

Otra cosa que he observado en los últimos años es lo fácil, practicable y accesible que puede ser el Feng Shui si se enfoca correctamente. Algunas informaciones son demasiado superficiales y no integran al individuo en la ecuación. En cambio, en el polo opuesto, el verdadero Feng Shui tradicional, con todos sus cálculos y fórmulas, es, en mi opinión, una técnica sorprendente que no sólo se adquiere tras muchos años de estudio sino también, y lo que es más importante, con muchísimos años de práctica. Aunque estudio y practico el Feng Shui tradicional, no podría enseñarlo ni escribir sobre él mientras no tuviera muchos años de experiencia.

El enfoque de este libro está entre ambos polos. Creo que a través de seminarios, colegas y amigos, he llegado a comprender qué es lo que busca la gente en el Feng Shui.

A ti te pediré primero que examines tus relaciones con los Cielos bajo los auspicios del sistema Ki de las Nueve Estrellas que he utilizado durante más de veinte años. En segundo lugar, al establecer el contexto en el que más tarde aplicarás el Feng Shui, examino la salud, la energía y la vitalidad desde la perspectiva de la medicina china tradicional, pero con una interpretación más contemporánea. Esto es esencialmente lo que llamo «Feng Shui interior». Para terminar, abordaré el Feng Shui espacial (sólo dos capas de él), que es práctico, fácil de utilizar y fundamental, para ponerse en el camino correcto.

Vivimos en un mundo cambiante y todos necesitamos alguna herramienta de navegación que nos oriente en el camino de la vida. El beneficio de mi enfoque del Feng Shui es que podrás hacerlo tú solo y no necesitarás asistir a conferencias ni contratar expertos. ¿Qué mayor libertad puedes tener?

Capítulo 2

El viaje

El punto fuerte, aunque también el punto débil, de nuestra sociedad actual es su deseo de analizar y separar todos los componentes que existen en nuestro interior y los que nos rodean. Esta ha sido la tendencia de la ciencia moderna en los últimos 300 o 400 años. Aunque con este enfoque se han realizado numerosos descubrimientos, también ha significado que hemos empezado a perder nuestra comprensión individual y colectiva de la interconexión de todos los fenómenos. El resurgimiento, en los tiempos contemporáneos, de las terapias alternativas o tradicionales indica un deseo por parte de muchos de ver más allá de esta visión analítica y casi introspectiva de nosotros mismos y de nuestro entorno. Para mí, la vida, la salud, el espacio vital, la comida, las emociones y hasta el futuro no tienen que diseccionarse y analizarse por separado, sino que deben ser experimentados. Al experimentar los muchos factores que nos conforman y nos afectan, podemos adquirir un poder enorme para dirigir nuestro viaje por la vida.

Si sólo aplicas los remedios del Feng Shui sin integrar una comprensión de tu salud, necesidades y astrología, solamente verás una parte de la imagen. Esto también limitará la profundidad potencial y el poder de tu práctica del Feng Shui. Examinar nuestra vida y nuestro espacio a través de las «lentes nuevas» del Feng Shui, nos revelará metáforas que nos rodean en todos los aspectos de la vida. Por ejemplo, si quieres dar estabilidad a una nueva relación o fortalecer una ya existente, naturalmente podrás hacerlo fomentando unos principios de Feng Shui sensatos. Sin embargo, también podrías añadir nuevas dimensiones a este proceso. Mediante la comprensión de tu naturaleza astrológica, de tu potencial y tu posición dentro de los ciclos del tiempo, podrás cimentar aún más este sueño. Añádele una mejora en las condiciones físicas, el desarrollo de la intuición y, lo que es más importante aún, el hecho de centrar tu intención, y tendrás un peso y un alcance más amplio para conseguir lo que estás buscando. Para seguir utilizando el ejemplo de las relaciones, tendrás que empezar a reflexionar sobre dónde estás ahora. ¿Has perdido el contacto con tu comunidad, tu familia, tus hijos o con una expareja? Si empiezas a resolver estas cuestiones, fortalecerás la capacidad de recibir relaciones nuevas en tu vida. ¡En mi opinión, no basta con colocar estratégicamente un cristal en el sector de las relaciones de tu hogar!

El simbolismo del *I Ching*

El *I Ching* o *Libro de los Cambios*, está considerado por muchos el libro más antiguo del mundo. Escrito alrededor del 3000 a.C. por el legendario Fu Hsi, es más que nada un código de conducta según el que vivir. Ha sido utilizado durante siglos como forma de adivinación u oráculo. Ha sobrevivido a diversas revoluciones culturales, en las que fue favorecido por unas y perseguido por otras, y ha sido objeto de comentarios escritos, siendo los más importantes los que realizó el gran filósofo Confucio hacia el año 500 a.C. También se lo considera el trampolín del clásico de Lao Tse, el *Tao Te King*, escrito en la misma época y origen de lo que hoy conocemos como taoísmo. La relación del *I Ching* con el Feng Shui es que nos proporciona la base de lo que podríamos llamar pensamiento yin/yang; las distintas ramas de la astrología china, la adivinación, las artes curativas y el Feng Shui. El valor que tiene el *I Ching* en la actualidad es que nos ofrece una forma única de guía cuando tenemos que tomar decisiones difíciles en la vida. Utilizado correctamente, el *I Ching* puede fomentar reflexiones profundas que nos ayudarán a basar y a cristalizar nuestra intuición.

El *I Ching* nos ayuda a comprender lo que podríamos llamar «el orden del universo». El libro está estructurado de tal manera que nos sitúa a nosotros, al entorno y la influencia de los cielos. La manera de formular la pregunta, la manera de concebir las respuestas y cómo las interpretamos nos darán una nueva dirección. En el capítulo 3 examinaré más a fondo los ocho trigramas básicos del *I Ching* y mostraré su relación no sólo con el Feng Shui espacial sino también con la astrología.

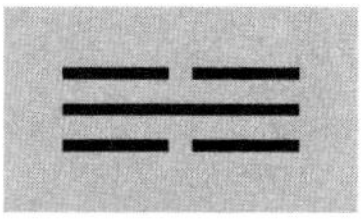

Esencialmente, el *I Ching* contiene ocho versiones distintas del trigrama que aparece aquí. El mensaje que nos dan estas líneas (enteras o partidas) es simplísimo y, sin embargo, muy profundo.

LA LÍNEA SUPERIOR

La línea superior se utiliza para representar y designar la influencia de lo que colectivamente podríamos llamar «Cielo». Sea cual sea nuestra cultura de procedencia, hablamos aquí de la influencia del universo, de los planetas, del cielo, de nuestro destino y hasta de nuestro hado. Su posición como línea superior del trigrama implica también un movimiento desde arriba hacia abajo, hacia la Tierra.

LA LÍNEA INFERIOR

La línea inferior del trigrama representa la Tierra, nuestro planeta, nuestra casa. Esta línea puede encarnar todos los aspectos de nuestro entorno: el paisaje, la vegetación, las plantas, los árboles, la comida y nuestra morada como individuos. La posición de esta línea en la base del trigrama también indica un movimiento de la Tierra hacia el Cielo.

LA LÍNEA INTERMEDIA

En medio de estas dos líneas que representan el Cielo y la Tierra está la línea del trigrama que representa la Humanidad. En el objetivo de nuestro viaje único del Feng Shui, esta línea nos representa a nosotros. ¿Qué tipo de influencia astrológica tenemos en nuestro interior, según representa la línea superior? ¿En qué tipo de casa o entorno vivimos? También representada por la línea inferior está la influencia de lo que tomamos de este entorno en forma de comida, líquido, energía chi y aire. Junto con estos componentes vitales, ¿cómo contribuimos a nuestro destino mediante nuestras acciones y experiencias? Podemos resignarnos a nuestro hado y a las influencias aparentemente imposibles de nuestro entorno inmediato o, por el contrario, podemos advertir dónde estamos y empezar a tomar las riendas de nuestro destino.

Los cinco ingredientes de un Feng Shui eficaz

Ingrediente 1: El Cielo

Un ingrediente vital en todas las escuelas de Feng Shui basadas en la brújula es el componente astrológico. En el Feng Shui hay diversas corrientes astrológicas, y mucha variación en ellas acerca de la importancia que debe darse al espacio. Algunas corrientes del Feng Shui dan mayor importancia a este lado de la ecuación, comparada con la que le dan a los cambios reales que puedes hacer en tu casa.

Como el Feng Shui trata esencialmente de ti y de tu vida, fortuna y salud, es prioritario establecer quién eres. Desde el punto de vista astrológico, todos tenemos una constitución única que puede proporcionarnos importantes descubrimientos acerca de nuestro potencial y nuestras capacidades. Algunos creen que se trata del hado o destino. Yo creo que esto puede desmitificarse cuando empezamos a descifrar nuestra naturaleza única y a ubicar dónde nos encontramos dentro de los ciclos del tiempo. En mis estudios y prácticas del masaje shiatsu, por ejemplo, siempre he establecido «quién era mi cliente» y «dónde estaba» según sus datos astrológicos. Así me concentraba en zonas de vulnerabilidad o éxito en el momento del masaje.

He estudiado y practicado un sistema de astrología oriental conocido como el Ki de Nueve Estrellas, que es originario de China. Conocido también como la astrología de las Nueve Casas o de las Nueve Estrellas, en los últimos años los japoneses lo han depurado y simplificado. En Japón hay almanaques sobre el tema en todas las estaciones de metro, y muchos se lo toman muy en serio para intentar comprender las relaciones o cuando planean cambiar de casa o de trabajo. Es un sistema muy práctico, simple y flexible que, básicamente se centra en quién eres, en tu potencial y en tu destino. No está directamente vinculado con mis investigaciones del Feng Shui espacial, pero utiliza los mismos principios y dinámica, tal como explicaré en el próximo capítulo.

Si sabes qué estrella gobierna tus características constitucionales dentro de los ciclos de nueve años que utiliza este sistema, tendrás una fascinante perspectiva de quién eres y de cuál es tu potencial. Saber dónde está tu estrella personal en su paso por el ciclo te revelará el potencial de cambio y de creatividad en cualquier momento del ciclo de nueve años.

Cada estrella está representada por una imagen agrícola, y hay fases dentro del ciclo que representan la vida latente, la primavera, el crecimiento, la cosecha, etc. Saber dónde te encuentras en este ciclo de cambio es vital a la hora de planificar un viaje eficiente hacia tu sueño.

El tercer componente que revela la astrología Ki de las Nueve Estrellas es cuáles son las direcciones más favorables hacia las que movernos en un momento concreto. Este cálculo te ayudará a es-

> *Comprender tu constitución desde una perspectiva astrológica, unido al conocimiento de dónde estás en el viaje de la vida aporta una valiosa dimensión al uso que hagas del Feng Shui espacial.*

tablecer una pauta o dirección en tu viaje para que fluyas con la corriente en vez de hacerlo en contra de ésta.

La compresión de tus características desde esta perspectiva astrológica y el conocimiento de saber quién eres y dónde estás en tu viaje por la vida aportarán una valiosa dimensión a tu práctica del Feng Shui espacial.

Ingrediente 2: La Tierra

Este es el componente principal de lo que podríamos considerar el auténtico Feng Shui espacial, y está relacionado con nuestro entorno. Además de la relación con el entorno inmediato, desde una perspectiva más amplia hay que reconocer también la importancia que desempeña la parte del planeta en la que habitamos.

Empecemos por la geografía: ¿vives en las montañas, en una llanura, junto al mar o en unas tierras bajas? ¿Vives en un rincón rural aislado o en un entorno urbano denso y activo? El tipo de clima tiene también una enorme influencia en las personas y hay que tenerlo siempre en cuenta. ¿Vives en un clima árido y desértico, en uno montañoso y seco, en uno húmedo o en uno templado? Estas variaciones locales y estacionales desempeñan un papel vital en la valoración del influjo de la Tierra en todos nosotros.

Puedes encontrarte, por ejemplo, viviendo en un sótano oscuro en un clima húmedo y en una ciudad fría y solitaria. Superar la depresión es probablemente uno de los objetivos de tu agenda. Objetivamente, podríamos decir que lo que falta en este escenario es la influencia del Sol: el calor, la pasión, la actividad y la inspiración, pero puedes integrar estos factores en tu vida utilizando más el elemento Fuego. Las sugerencias prácticas del Feng Shui en cuanto a salud y estilo de vida te ayudarán a incorporar este elemento.

Si vives en un sótano oscuro, el papel pintado a rayas, los apliques en las paredes y plantas como las poinsetias y las violetas africanas te proporcionarán una energía cálida y estimulante.

Por último, la parte más importante de este entorno Tierra en el que habitas es tu casa. En ella es donde se concentran la mayoría de consejos del Feng Shui. Se trata, en definitiva, del entorno inmediato que te sustenta en tu día a día. Si descubres qué falta en tu vida, podrás efectuar cambios en tu hogar que actúen de estímulo para tus necesidades. Podrás poner en su lugar los principios básicos del Feng Shui si logras evitar situaciones hogareñas en las que el chi se estanque o te distraiga de tu viaje. Además, añade a la ecuación tu nuevo conocimiento de tu constitución astrológica, tu potencia y tu posición en el viaje. Podrás dar más estabilidad a tu sueño y tu rumbo mediante la realización de cambios en tu espacio.

Ingrediente 3: La vida humana

Como seres humanos, estamos en medio de las influencias del Cielo y de la Tierra. Estos dos factores impregnan nuestra vida todo el tiempo; su influencia puede ser sutil, poderosa, y, a veces, desconcertante. Al reconocer su influencia en nosotros, tenemos mayores oportunidades de aprovechar el viaje de una manera más creativa. Si no somos conscientes de esas influencias, a menudo nos sentimos víctimas de las circunstancias con poco o nada de control sobre nuestro destino.

> Nuestra vida puede hacerse infinitamente más manejable y satisfactoria si, en primer lugar, entendemos y cuidamos nuestra salud y, en segundo término, nos liberamos de las repeticiones de acciones anteriores en nuestra vida. Descubrir y mantener la salud puede, a su vez, llevar a establecer unos cimientos firmes para nuestra intuición y para nuestro juicio. Una vez asentados éstos, es mucho menos probable que nos quedemos enredados en estilos de vida anteriores que nos han distraído de nuestro viaje.

En la Tercera parte utilizaré los principios de la medicina oriental para ayudarte a establecer en qué aspectos de tu salud tienes que trabajar. Lo fascinante de este sistema es que emplea los mismos principios básicos que la astrología y el Feng Shui espacial. Si, por ejemplo, haces cambios en la dieta, en tu estado físico y estilo de vida, tendrás mayores y mejores posibilidades de aprovechar los remedios del Feng Shui que desees utilizar más tarde. Lo que debes hacer es impregnarte de tu sueño para que la práctica de tu Feng Shui tenga dónde centrar la atención.

Romper la pauta de ciclos o conductas de vida previos es mucho más difícil. Como humanos, en lo más hondo de nuestro ser los cambios nos dan un poco de miedo. Aunque sepamos que son para mejor, los cambios pueden ser auténticos desafíos. Si, por ejemplo, buscas una mejor comunicación con el mundo exterior, ¿basta con saber que, tal como indica tu constitución astrológica, ese no es necesariamente tu potencial? Del mismo modo, ¿culparías al sector de tu casa o de tu oficina que significa las comunicaciones de esa falta de ella? Desde la perspectiva del Feng Shui, te aconsejo que consideres interrelacionados todos los sectores de tu vida y que reflexiones sobre cuáles son los puntos en que te sientes «incomunicado». ¿Con quién necesitas ponerte en contacto? ¿Qué llamadas telefónicas hay que responder? ¿Se te ha amontonado la correspondencia en el despacho? ¿Quién es ese viejo amigo, pariente, o incluso vecino, con el que has evitado cualquier forma de contacto en los últimos años? Yo opino que mientras no se resuelvan estos asuntos, las probabilidades de que el Feng Shui espacial sea eficaz por sí solo disminuyen en gran manera.

Ingrediente 4: La intuición

La intuición es una cualidad inherente a todos nosotros. Tenemos que reconocer su existencia y utilizarla de una manera creativa mediante una práctica constante. Es una facultad sensorial altamente elaborada, que algunas veces funciona bien y otras parece fallarnos. En mi opinión, la intuición tiene una base biológica. Cuando nos sentimos fuertes, llenos de energía y con claridad mental, la intuición funciona en sintonía con ese estado. En cambio, si estamos cansados, desalentados, bloqueados, deprimidos, confiar en nuestra intuición puede llevarnos a la falta de razonamiento y a tomar decisiones que más tarde lamentaríamos. Para aprovechar al máximo el potencial del Feng Shui creativo, tenemos que estar absolutamente presentes en el asunto, instigar el cambio y ver más allá de él, apoyándonos en una buena salud.

«Pasar hambre», tanto metafórica como físicamente, permite que nuestra intuición se haga más intensa y más clara.

Una de las mejores maneras de desarrollar la intuición es mantener un contacto regular y prolongado con el mundo natural. Al fin y al cabo, es el entorno el que nos alimenta y nos inspira. Si te sientes como ante un muro en blanco, sin soluciones, es señal de que tienes que salir al aire libre. El contacto con los elementos naturales es vital. Dar un largo paseo en un día ventoso, incluso húmedo, y sentir la lluvia en las mejillas no parece una actividad muy revitalizante, pero al menos nos pone en contacto con dos de los cinco elementos: el viento y el agua. Siente el calor del sol en la piel, la fuerza de sus rayos, aunque sólo sea un rato. Quítate los zapatos y siente la tierra o la arena bajo los pies. Pasa tiempo en distintos tipos de entorno para que te proporcionen una profunda y vibrante inspiración. A menudo, cuando estamos bloqueados, es porque estamos atraídos al mismo tipo de energía vibratoria y necesitamos forzar un cambio.

Pasar hambre, tanto física como metafóricamente, nos permite reforzar y depurar la intuición. Si tendemos a comer demasiado y no hacemos ejercicio, nuestro estado biológico puede estancarse y eso se refleja en nuestra capacidad intuitiva. Pasar hambre, metafóricamente hablando, es un requisito básico en todos los estudios orientales clásicos. En tiempos antiguos, a esto se lo llamaba desarrollar «una mente de principiante». En cambio, hoy en día es frecuente que nos sobrecarguemos de estímulos, ya sean educativos, publicitarios, mediáticos, etcétera. Al utilizar este enfoque del Feng Shui, te invito a que mantengas la mente abierta y curiosa y a que aproveches al máximo tu capacidad intuitiva haciéndote cargo de tu salud.

En lo que respecta a la aplicación del Feng Shui clásico de la Escuela de la Brújula, no deja mucho campo a una perspectiva intuitiva en astrología, Feng Shui espacial o incluso destino. Se trata de una ciencia y debe ser respetada como tal. En mi opinión, existe aquí un paralelismo con la acupuntura. Los acupuntores no introducen sus agujas de manera intuitiva, sino que pasan muchos años estudiando los síntomas clínicos que aprenden en el Diagnóstico oriental. Aunque el tratamiento pueda variar de una persona a otra, se basa en una metodología aceptada universalmente. Sin embargo, mi visión del Feng Shui ofrece una libertad mucho mayor.

Ingrediente 5: La intención

El quinto factor que debes introducir en tu viaje personal del Feng Shui es la intención. Ésta consiste en utilizar la voluntad y el deseo para propiciar cambios positivos en tu vida. No se trata de poner un remedio en algún sector concreto de tu casa y esperar a que ocurra algo. Del mismo modo, tu éxito con el Feng Shui será limitado, aunque te aconseje un profesional, a menos que aceptes las sugerencias que te haga.

Tras combinar los cuatro factores anteriores (la comprensión de la constitución astrológica y el potencial, el entorno inmediato, el estado de salud y el nivel de chi actuales y la claridad de la intuición), hay que completar la imagen aportando claridad y concentración a nuestra visión. Si declaras, tanto en voz alta como para ti mismo, a dónde deseas ir y qué quieres lograr, las posibilidades de que ese cambio se produzca son mucho mayores.

En tu viaje de Feng Shui, los libros, los profesores y los practicantes serán valiosas guías. Cuando recorría el mundo, siempre estaba abierto a sugerencias de otros viajeros sobre qué sitios visitar y qué rutas tomar. Los consejos bien intencionados pueden resultarnos muy útiles y ahorrarnos errores costosos. Sin embargo, al final del día, es la intención clara la que posibilitará que se dé un cambio auténtico en tu vida.

Recuerdo cuando, con catorce años, ascendí con grandes esfuerzos los últimos setecientos metros del monte Kilimanjaro en plena noche, con el aliento y el apoyo de mi guía, Obedi. Mi objetivo parecía estar a miles de kilómetros de distancia, el ángulo de ascensión parecía de sesenta grados, y por cada tres pasos que avanzaba, resbalaba uno hacia atrás. Cada inspiración me costaba un enorme esfuerzo ya que, a esa altura, había la mitad de oxígeno que a nivel del mar, que era donde yo vivía. En una situación como ésa, ya pueden alentarte y estimularte, que si no tienes la voluntad de ver la situación de principio a fin, es muy difícil que tengas éxito. Al final, tuve que tomar una decisión, era yo quien tenía que elegir y elegí la más fácil, que era descender.

En la Cuarta parte, cuando estudiemos más a fondo el Feng Shui espacial, volveré a hacer hincapié en la importancia de la intención, sobre todo cuando se trata de hacer reajustes en el espacio vital de cada uno. Al realizar cambios físicos en el entorno inmediato, estamos haciendo una sólida declaración de nuestra intención, y ésta nos será recordada todo el tiempo. Si tenemos esa intención en la mente a la hora de realizar los cambios, éstos serán mucho más poderosos. Las imágenes y remedios que utilicemos en casa actuarán como refuerzos y recordatorios de la intención de este viaje.

Capítulo 3

Las herramientas

Antes de lanzarte a descubrir más de ti mismo y a la fascinante práctica del Feng Shui, es importante que te familiarices con los conceptos básicos de esta disciplina. Cuando los conozcas y comiences a aplicarlos, verás que estos conceptos atemporales no están limitados a una perspectiva oriental de la vida. Pese a mis más de veinte años de estudio y práctica en este campo, mi expresión, mi estilo de vida y mi práctica cultural no se han vuelto «orientales». En realidad, me han hecho valorar más profundamente mis raíces y mi cultura y me han hecho ver que todos estamos interrelacionados y entrelazados. El «mapa» es el mismo para todos, lo que varía es cómo decidimos interpretarlo y utilizarlo cada uno.

Las tres reglas del trabajo

◆

1. *En el desorden, busca la sencillez.*
2. *En la discordia, busca la armonía.*
3. *En medio de la dificultad se encuentran las oportunidades.*

Albert Einstein

Estos principios interactivos y dinámicos aportan las bases de gran parte de la contribución hecha al mundo por Oriente. Entre esta contribución destacan la medicina china, con la acupuntura, la moxibustión y la terapia a base de hierbas medicinales, las artes marciales, la meditación, el tai chi, el chi kung, la astrología, el Feng Shui, el Diagnóstico oriental, la caligrafía, la poesía, la jardinería, las tácticas de combate y la cocina macrobiótica.

Si profundizas en estos principios, podrás valorar de una manera mucho más amplia no sólo la astrología, los consejos sobre la salud y los remedios de Feng Shui que describo en este libro sino cómo están interrelacionados, que es mucho más importante. La belleza y la simplicidad de todos estos sistemas reside en que se han originado en el mismo sitio. Sin embargo, en las últimas décadas, nuestra visión occidental, mucho más analítica, ha tendido a separar estas disciplinas y a considerarlas ejemplos aislados de una expresión de pensamiento oriental. En mi opinión, nuestras posibilidades de encontrar una libertad llena de sentido, de felicidad y de salud se apoyan más en la aplicación de estos principios atemporales en nuestras vidas que en seguir a pies juntillas una rígida serie de conclusiones extraídas de estos principios. Esta segunda actitud limita el potencial de cambio.

Yin y yang

El símbolo del yin y el yang

Sin lugar a dudas, el principio del yin y el yang es el más básico de los que conforman nuestra práctica y comprensión del Feng Shui. El yin y el yang nos ofrecen un simbolismo que revela que nuestras vidas, el planeta, el universo y las acciones, todo ello, está interrelacionado. Para que se produzca una chispa, movimiento, dinamismo y energía, los opuestos tienen que interaccionar. La antigua representación taoísta de esta polaridad encuentra su mejor expresión en el conocido dibujo mostrado aquí.

En este dibujo, el círculo representa la unidad de todos los fenómenos, y la subdivisión de la luz y de la sombra representa los polos opuestos del yin y del yang. El pequeño círculo de oscuridad dentro de la luz y el pequeño círculo de luz dentro de la oscuridad indican que, dentro del yin tiene que haber un poco de yang, y que dentro del yang tiene que haber un poco de yin. Sin esta dimensión añadida, pensaríamos que la vida es algo perfectamente equilibrado y natural. La paradoja de los opuestos incorporados ayuda a disipar la idea de que todo lo que hay en nuestro interior y en nuestro entorno está en perfecto equilibrio y armonía siempre. Si lo estuviera, la vida sería realmente aburrida.

El *Tao Te King*, un breve pero fascinante libro del erudito chino Lao Tse, expresó el dinamismo de los opuestos sin, de hecho, emplear las palabras yin y yang. Este clásico contiene sólo 81 estrofas, y, sin embargo, su simplicidad revela la interacción del yin y del yang en la naturaleza y en la sociedad de su tiempo. En la segunda estrofa escribe: «Lo visible y lo oculto se engendran mutuamente. Lo difícil y lo fácil se complementan. Lo largo y lo corto forman el uno del otro. Lo alto y lo bajo se aproximan. El sonido y el tono armonizan entre sí. El antes y el después se suceden recíprocamente». Más adelante, añade: «De un trozo de arcilla hacemos una vasija; es el espacio vacío del interior de esa vasija lo que lo hace útil». Esta polaridad de opuestos continúa con la frase: «Hacemos puertas y ventanas en una habitación, pero son estos espacios vacíos los que hacen habitable ese espacio. Así, mientras lo tangible tiene sus ventajas, es lo intangible lo que lo hace útil».

La fuerza complementaria pero antagónica de estas fuerzas no sólo fue comprendida en Oriente, sino que también ha quedado hermosamente expresada en uno de los recientes descubrimientos arqueológicos referentes a las enseñanzas de Jesucristo. En 1945, en el Alto Egipto se encontraron unos escritos en copto que, según muchos eruditos, son los de Dídimo Judas Tomás, un apóstol de Jesús. A diferencia de las interpretaciones modernas de los Evangelios, estos escritos no se habían divulgado ni traducido nunca. Aunque lo que Tomás escribió ya había sido narrado por otros apóstoles, lo que tiene de especial para mí es la semejanza entre la expresión que utiliza Jesucristo y el yin y el yang. Por ejemplo, cuando sus discípulos le preguntaron si «entrarán en el Reino de los Cielos», Jesús les respondió: «Cuando hagáis de los dos uno, y cuando hagáis el interior como el exterior y el exterior como el interior y el arriba como el abajo, y cuando hagáis uno del varón y de

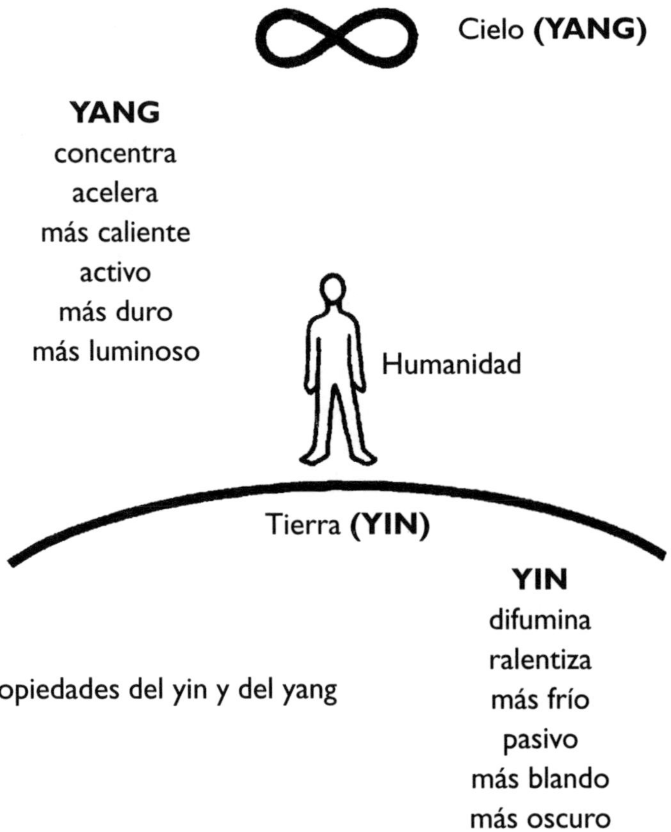

Las propiedades del yin y del yang

la hembra, el varón ya no será varón y la mujer ya no será mujer, cuando hagáis ojos en lugar de un ojo, y un pie en lugar de un pie, y una mano en lugar de una mano, y una imagen en lugar de una imagen, entonces entraréis en el Reino». En otro pasaje del evangelio de Tomás, Jesús habla de encontrar el Reino de los Cielos de una forma muy similar a la de un maestro taoísta esotérico. Dice: «El Reino de los Cielos está dentro de vosotros y fuera de vosotros. Y si os conocéis a vosotros mismos, entonces seréis conocidos y sabréis que sois los hijos del Padre Viviente. Pero si no os conocéis a vosotros mismos, viviréis en la pobreza y seréis la pobreza».

En el dibujo puedes ver algunas de las propiedades del yin y del yang. Para empezar, arriba, en el Cielo (o el infinito) se encuentran los orígenes de la naturaleza yang. Opuesta a ésta, emanando de la Tierra y elevándose para volver al Cielo o infinito, está la fuerza del yin.

Desde una perspectiva yang, cuando una fuerza desciende del Cielo y hace sentir su influencia, la característica más obvia de esta fuerza es que crea un empuje hacia abajo. Mientras esta energía desciende hacia abajo en espiral, empieza a concentrarse, se acelera, se calienta y se carga durante el proceso. Esta concentración de energía lleva inevitablemente al desarrollo de unas estructuras que son más duras y concentradas y, por lo tanto, más pequeñas. La fuerza activa del yang lleva consigo una energía mucho más brillante, símbolo de la luz solar, el verano y una expresión más activa.

En cambio, la fuerza que representa la naturaleza yin se origina en la Tierra y se mueve hacia arriba y hacia fuera, regresando al Cielo en forma de espiral. Por lo tanto, las expresiones de crecimiento y las estructuras que se mueven hacia arriba se consideran más yin. Cuando esta energía yin asciende, empieza a propagarse y, en el proceso, crea estructuras que son más blandas y grandes. Este crecimiento de la energía hacia arriba y hacia fuera también provoca un descenso en la temperatura. Las estructuras más blandas y los movimientos y actividades relativamente pasivos son más yin. En el plano energético, el yin se asocia también con la quietud, como la noche y el invierno, durante los cuales recuperamos la energía. En momentos yin, nuestra conducta es más introvertida, reflexiva y, en muchos aspectos, regeneradora. Desde una perspectiva astrológica, la «estrella» personal que refleja muchos aspectos de nuestra constitución puede ser predominantemente yin o yang. La naturaleza yin en nuestra estrella nos hace más artísticos, intelectuales, introvertidos e inclinados a servir a los demás, mientras que una estrella yang nos da potencial de líderes, concentración, tenacidad y expresión vocal.

Cuando explores más a fondo los aspectos astrológicos del Feng Shui, sabrás en qué «fase» te encuentras ahora en el Ciclo de nueve años. A veces estamos en un sector más yin, ideal para las tareas que requieren reflexión, meditación y quietud, para planificar y hacer inventario de la vida. Las fases más yang indican potencial para cosechar lo que hemos sembrado, emprender una acción, o disfrutar de la fama y el reconocimiento en nuestra profesión.

Por lo que se refiere a la comprensión de la salud y del estilo de vida, podrás valorar si tu estado actual es más yin o yang. El estado yang se caracteriza por la inquietud, la impaciencia, la inflexibilidad y la hiperactividad, mientras que en estados yin nos encontramos más cansados, pasivos y distraídos, y tenemos una mayor aceptación de las situaciones. Las actividades y estilos de vida más yang son los que generan calor y nos hacen sudar o nos dejan jadeantes. Los ejercicios que implican un desafío, físicos, competitivos e incluso agresivos, pertenecen a esta categoría. También son yang las actividades que precisan mucha concentración. Las actividades más yin son las que nos relajan, nos calman, y son más intelectuales y sensoriales. En muchos sentidos, son ocupaciones pasivas, de sociabilidad y placidez.

Actividades yin y yang

♦

YIN

Leer
Escuchar música
Jardinería
Pintar
Tai chi
Yoga

YANG

Nadar
Correr
Tenis
Squash
Bailar
Montar a caballo

El yin y el yang también nos ofrecen la espina dorsal para echar un primer vistazo objetivo a nuestro espacio personal desde una perspectiva Feng Shui. Los espacios vitales yang son más concentrados: vivir en una gran ciudad, en un piso pequeño, o vivir y trabajar en un entorno muy iluminado. Una casa con materiales de construcción yang, como el acero, el cemento y la piedra, y con un trazado interior que sea luminoso, anguloso y moderno, nos hace más yang. La naturaleza difusa de la energía yin estaría representada por un entorno rural, una casa espaciosa y con iluminación tenue. Los materiales de construcción de madera y sus derivados y los plásticos tienen una energía más yin. Las casas viejas, oscuras, con polvo y humedad contienen una alta proporción de yin.

Los Cinco Elementos

La energía yin ascendente da paso a las cualidades descendentes de la energía yang y se crea un proceso cíclico. Dentro del ciclo, hay momentos cruciales o fases de transformación representados por los Cinco Elementos. Este concepto apareció por primera vez en el *Nei Ching* o *Tratado clásico de medicina interna del emperador Amarillo*. Es la obra más antigua que se conoce sobre la teoría y la práctica de lo que hoy llamamos medicina tradicional china. La interacción y la dinámica de este sistema no sólo han formado la base de la medicina china, sino que además son ampliamente utilizados en las distintas ramas de la astrología oriental y de la decoración de interiores derivada del Feng Shui.

> *El yin y el yang proporcionan una columna vertebral para una revisión inicial de nuestro espacio desde una perspectiva de Feng Shui.*

En astrología, conocer cuál de los Cinco Elementos rige nuestra estrella natal nos da una perspectiva nueva de nuestro potencial y capacidades. Saber en qué elemento está cada año esa estrella nos orienta hacia qué tareas será propicio dedicarse. Desde una perspectiva astrológica, la interacción dinámica de los elementos nos proporciona una visión nueva de las relaciones.

En cuanto a la salud, con el Diagnóstico oriental sabrás qué elemento tienes debilitado en la actualidad. Entonces podrás remediar esta debilidad mediante la dieta, el estilo de vida y el Feng Shui. Estos ajustes sólo son temporales; no tienen que durar más que el tiempo que necesite tu salud para volver a equilibrarse.

Desde la perspectiva del Feng Shui, los Cinco Elementos son factores esenciales para sustentar tu designio y poner remedios en tu espacio vital. Cuando, astrológicamente hablando, sabes «quién eres», el tipo de actividad al que te dedicas y la casa en la que vives, la próxima cuestión será averiguar qué elementos tienes que introducir en tu vida para crear equilibrio y sustentar tu sueño.

La dinámica de los Cinco Elementos

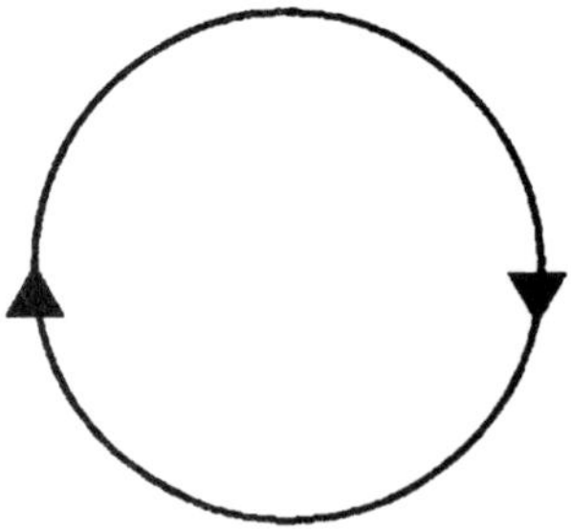

El círculo que aparece aquí ilustra de manera muy sencilla la naturaleza subyacente del yin y del yang que impulsa los Cinco Elementos. El ciclo de energía de la izquierda es ascendente y representa el yin, y cuando vuelve a la Tierra y desciende por la derecha, representa el yang. Los momentos cruciales en este círculo están en la cima y en la base de este modelo, y ambos tenderán a tener una cualidad en cierto modo similar. Por ser puntos cruciales, son cambiantes y por eso están representados por las cualidades más plasmáticas del Fuego y del Agua.

En este dibujo, el Fuego está gráficamente expresado como energía ascendente, pero que, al mismo tiempo, se dispersa. Su opuesto, el Agua, es una energía más quieta y flota. No hay dos elementos en la Naturaleza que puedan ser tan diferentes, y sin embargo comparten su carácter cambiante y difícil de contener. El Agua siempre necesita una botella, un lago o un vaso que la contengan, y el Fuego necesita un fogón o un hogar.

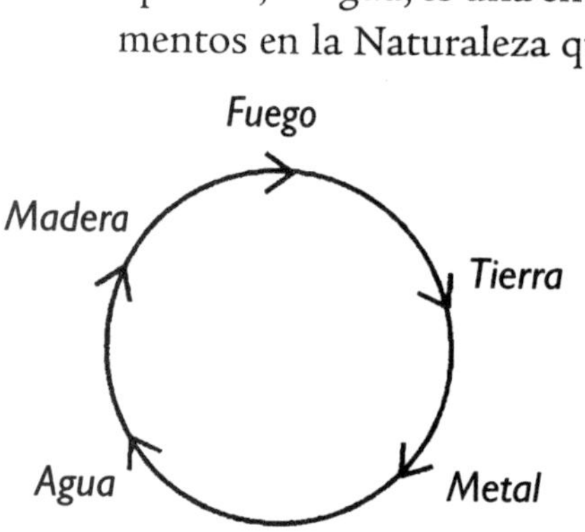

La mejor representación de la energía ascendente yin de la izquierda del círculo es el Árbol, la vida vegetal, los tallos nuevos, los comienzos. En los textos tradicionales, este elemento es conocido como la Madera, pero yo prefiero el Árbol, porque encarna el verdadero espíritu de la iniciación, el crecimiento y su tendencia hacia arriba. Cuando la energía Fuego de la derecha remite, en el mundo natural vuelve a las cenizas, lo que está representado a la derecha del ciclo como elemento Suelo. Esta energía sedimentadora y más suave es como el compost. En la tradición china, es el elemento Tierra. Para mí, el Suelo representa su energía suave y sustentadora. Cuando a este Suelo se le aplica más presión, más tiempo y más yang, se consolida, se concentra en sí mismo y en el proceso se vuelve sólido. Esta es la fase de los Cinco Elementos conocida como el Metal, y está representada por los fenómenos naturales de las rocas y los minerales.

Cada fase de este ciclo de los Cinco Elementos se apoya en la anterior. Por ejemplo, la energía ascendente del Árbol o de la Madera es la creadora del Fuego, mientras que éste a su vez nutre y forma el Suelo, el compost y la ceniza volcánica. Con tiempo y presión, el elemento Suelo es el creador, o la madre, del elemento Metal. Finalmente, y bajo las condiciones extremas de compresión yang, este Metal se fundirá metafóricamente, se licuará y pasará a la fase conocida como Agua. El Agua, a su vez, es la creadora y sustentadora del elemento Árbol. El Feng Shui espacial, la astrología oriental y la medicina china se basan en la comprensión de este ciclo vital.

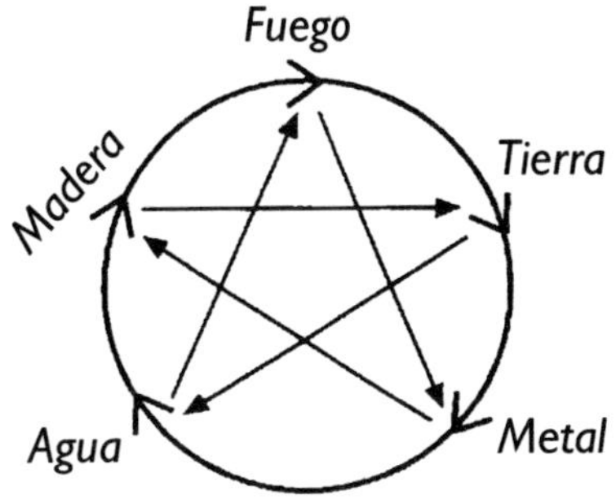

A menudo, este ciclo de nutrición es llamado relación madre/hijo. Este concepto es vital para la interpretación y la práctica de la astrología, el cuidado de la salud y el Feng Shui espacial de este libro. Cuando encuentres un elemento que creas que debe ser realzado, podrás trabajar directamente con él llenándolo de fuerza, simbolismo y apoyo. Eso significa buscar el elemento que sostiene el que tú quieres fortalecer y concentrarse en él a la hora de aplicar los remedios.

En la práctica, eso podría significar que tu salud mejoraría si tuviera más elemento Fuego. Deberás incorporar este elemento con las sugerencias que doy en el capítulo 8, e integrar a la vez el elemento Árbol/Madera para nutrir el elemento Fuego. Lo mismo ocurre en astrología. Así, si te identificas como Fuego, al rodearte de otros que tengan ese mismo elemento encontrarás apoyo y vinculación. Sin embargo, si introduces en tu vida una persona con la naturaleza dinámica y sustentadora del elemento Árbol/Madera, tu potencial de inspiración aumentará a través de ella. ¡Al fin y al cabo, el fuego consume madera! En el Feng Shui espacial, si descubres que el sector sur de tu casa (sector de Fuego) necesita estímulos, puedes agregar elementos de Fuego a este espacio, como colores más brillantes e intensos, velas u objetos móviles. También puedes apoyar este sector con elementos de Madera/Árbol como plantas, colores verdes y azules, y símbolos vivificantes que creen una sensación de juventud, energía, movimiento o amanecer.

El segundo punto que hay que comprender en la dinámica de los Cinco Elementos es que pueden anularse o controlarse mutuamente. Esto sólo ocurre cuando uno de los elementos está sobrecargado o excesivamente estimulado, o cuando el elemento anterior en el ciclo se debilita y no ejerce su «peso». En estos casos es posible que se den la negatividad, la destrucción y una total falta de armonía.

Lo que más me gusta de este sistema es que los elementos están representados por una simbología directamente sacada del mundo natural, que tiene un fuerte impacto en nosotros. El Agua desbordada dejará de nutrir a la energía Árbol, pero apagará el Fuego. Un Fuego excesivamente activo prescindirá del elemento Suelo, pero fundirá el Metal. Demasiado Metal y un elemento Agua débil, y el Metal tomará un atajo en el ciclo y atacará a la Madera, como si de un hacha o una sierra se tratara. Un elemento Agua descontrolado no alimentará el Fuego y destruirá el Suelo. Aquí, el simbolismo es que las herramientas de madera pueden horadar el suelo, o que las raíces de las plantas pueden romper el suelo o la tierra. Demasiada energía Suelo pasará por alto el Metal y terminará controlando, reprimiendo o bloqueando el flujo del Agua.

Recuerda que este conflicto potencial sólo se da cuando hay una ausencia o una debilidad en un elemento, o si un elemento está excesivamente cargado y descontrolado. Es en estos casos cuando ese elemento puede tender a prescindir de su naturaleza sustentadora del siguiente elemento y a cruzar a través del ciclo, dañando, agotando o destruyendo así el elemento opuesto. En el Feng Shui, un ejemplo obvio de esto sería la relación entre un exceso de Agua y su efecto en el elemento Fuego. Si el sector Fuego de la casa está sobrecargado de Agua, ésta actúa de una manera naturalmente destructiva respecto al elemento Fuego. El sector Fuego es la zona sur de la casa [en el hemisferio norte terrestre] o de cualquier habitación de ésta. ¡Imagina que es precisamente ahí donde tienes el baño, una ducha, el congelador, el frigorífico, o donde has decidido poner una fuente! No es realmente la mejor solución. Desde una perspectiva astrológica (explicada en profundidad en el capítulo 4) si, por ejemplo, una persona Madera ha sufrido una provocación y está enojada, descompuesta o hiperestimulada, lo más probable es que tenga conflictos con las personas Suelo/Tierra. Desde una perspectiva de la salud, el elemento Fuego está asociado con el funcionamiento del corazón. Cuando el corazón está débil, o se comporta de un modo errático o fuera de control, lo que hay que vigilar es la función de los pulmones, regidos por el elemento Metal, que está en línea recta con el Fuego y puede recibir daño por parte de éste. En todos los casos de afección cardiaca grave, el siguiente órgano alineado son los pulmones, y en enfermedades agudas, la relación entre ambos órganos es bien conocida tanto en la medicina oriental como en la occidental.

Estos ciclos de apoyo y control pueden observarse en todos los aspectos de la vida. Cuando examinemos el estado actual de nuestra casa colectiva (nuestro planeta) y utilicemos este sencillo modelo, veremos hacia dónde nos estamos dirigiendo. Si empezamos por considerar lo que representa el Suelo globalmente, veremos qué hemos cosechado y recogido, y los recursos básicos para el futuro. Básicamente, es nuestro entorno natural, nuestra ecología y las reservas que tenemos para un futuro sostenible. A medida que este elemento se debilita, nos volvemos desconfiados, cínicos, apáticos y desesperanzados ante el futuro. Esto puede llevarnos a potenciar las cualidades negativas de los demás elementos. El desequilibrio en el Suelo provoca un desequilibrio en el Metal, lo cual puede llevarnos a la tristeza y al pesimismo colectivos. Esto, a su vez, engendra sentimientos de temor, complacencia e inactividad, que son los atributos negativos del Agua. Lo que, a su vez, desencadenará una respuesta negativa en nuestra energía Árbol colectiva, que se manifiesta como ira, irritabilidad, impaciencia y violencia. Finalmente, en este ciclo, este desequilibrio de la energía Árbol potenciará la peor cualidad de la energía Fuego colectiva: ¡el caos! Esta imagen parece muy pesimista, pero también hay un lado positivo en este ciclo.

Para contrarrestar colectivamente este proceso negativo, lo más sabio sería potenciar el mejor atributo de la naturaleza Suelo, es decir, la compasión. Esto engendraría un sentimiento de acción y optimismo (el Metal), que reforzaría nuestra valentía colectiva (el Agua). Una naturaleza Agua fuerte potenciaría nuestra tolerancia, paciencia y flexibilidad, lo que a su vez provocaría la expresión más poderosa del Fuego, es decir, el amor. La decisión está en nuestras manos, tanto en el ámbito personal como en el colectivo.

Cualidades/características de los Cinco Elementos

La tabla de la página 61 resume las características de los Cinco Elementos, junto con su número de las Nueve Estrellas que se especifica en el capítulo 4. A continuación las explicaré con más detalle.

SUELO/TIERRA

Representa la energía de la tarde, el final del verano y el tiempo de la cosecha. Es un período callado y tranquilo. El elemento Suelo (o Tierra) representa la compasión, el sustento y la riqueza, y desempeña un papel vital tanto en el Feng Shui espacial como en la astrología. Rige la función del bazo, del páncreas y del estómago en la medicina china, que los considera los silos del cuerpo y los distribuidores de la cosecha. En la medicina china, el bazo es el órgano central, mientras que en la occidental lo es el corazón.

METAL

Representa la energía del atardecer y de las primeras horas de la noche, cuando empezamos a concentrarnos en nuestra casa y en la familia. En el ciclo anual, representa el invierno, que es el momento en el que, en los climas de cuatro estaciones, recolectamos y guardamos y terminamos nuestras tareas. El Metal representa la absorción y la asimilación y, al mismo tiempo, la eliminación de lo innecesario. En la medicina china rige las funciones del intestino delgado y del colon.

AGUA

Representa el estado de flotación y reposo propios del invierno y de la noche. Este tiempo pacífico e inactivo tiene, para todos nosotros, un enorme potencial regenerador. Por una parte, procura el reposo físico y mental, y representa el espíritu de la meditación y de la autorreflexión. Como nuestro cuerpo está formado por un 60 por ciento de agua, este elemento rige la función de los riñones y de la vejiga urinaria.

ÁRBOL

Representa la iniciación y el amanecer. Es un elemento activo que aporta novedad y frescura al ciclo. Representa la primavera, la juventud, la vitalidad, la energía, la inspiración y el entusiasmo. En la medicina tradicional china, la función del hígado y de la vesícula biliar rigen la potencia muscular y la resistencia física.

FUEGO

La expresión ascendente y centrífuga de este elemento está representada por la febril actitud que caracteriza al mediodía o a los días de mediados de verano. La naturaleza está en pleno florecimiento y en su momento de máxima expresión. Esta energía se expresa mediante la danza, la pasión y la capacidad de compartir. En la medicina china, esta energía ascendente, centrífuga y vehemente estimula la función del corazón y del intestino delgado.

A lo largo de todo el libro, mientras estudies tu astrología, tu salud y los conceptos del Feng Shui espacial, podrás referirte a la tabla de la página 62. Recuerda también que estos Cinco Elementos pueden: a) apoyarse uno a otro; b) ser apoyados por el elemento anterior y c) tener el potencial de controlar o ser controlado cuando un elemento concreto está sobrecargado.

Los trigramas del *I Ching*

En nuestro viaje por la vida, podemos tomar decisiones y elegir caminos sin pedir consejo o sin confiar en nuestra intuición. En cambio, podríamos elegir una ruta que comprendiéramos, en la que confiáramos y que estuviera alineada con nuestro verdadero objetivo. «Fluir con la corriente» es una expresión moderna de cooperar con el Tao. Traducido literalmente, Tao significa «El Camino». Los japoneses utilizan una traducción ligeramente distinta que es «Do». En ambas culturas, significa escoger un sendero en la vida que nos signifique un desafío, nos fortalezca y que, en último término, nos dé claves para la comprensión de «el camino». Por ejemplo, en el kendo, un arte marcial japonés (una especie de esgrima muy rigurosa pero espiritual), no sólo se alienta a los alumnos a que aprendan el arte de la defensa personal sino que se descubran a sí mismos y su potencial mediante el dominio completo de este sistema. Tradicionalmente, en Extremo Oriente, cualquier disciplina que se practicase repetidamente tenía como objetivo que el alumno comprendiese el Tao.

Características de los Cinco Elementos

+ = Positivo
- = Negativo

Elemento	Naturaleza	Número de Estrella Principal	Hora	Estación	Tiempo	Órganos	Emociones	Conducta
FUEGO	• Hacia arriba • Hacia fuera • Floreciente	9	Mediodía	Verano	Caluroso	• Corazón • Intestino delgado	+ Cálida + Apasionada - Histéricas	+ Sociable - Errática - Dispersa
SUELO	• Hacia abajo • Creciente • Terrestre	2 5 8	Tarde	Finales de verano	Húmedo	• Bazo • Páncreas • Estómago	+ Analíticas - Suspicacia cínica	+ Arraigada - Abúlica
METAL	• Hacia dentro • Consolidante	6 7	Atardecer	Otoño	Seco	• Pulmones • Colon	+ Positiva + Entusiasta - Deprimido	+ Clara, directa + Precisa - Retraída
AGUA	• Flotante • Durmiente	1	Noche	Invierno	Frío	• Riñón • Vejiga • Sistema reproductor	+ Confiada - Temerosa	+ Audaz, Flexible - Tímida, Cauta
ÁRBOL/MADERA	• Hacia arriba • Nacimiento	3 4	Amanecer	Primavera	Ventoso Cambiante	• Hígado • Vesícula biliar	+ Ocurrente - Irritable	+ Divertida - Rígida

Ejemplos de los Cinco Elementos

Elemento	Estrella natal	Manera de ser	Forma constructora	Colores	Materiales de construcción
FUEGO	9	Activa Sociable	• Triangular • Torres con aguja	Rojo Púrpura Malva Naranja	Plásticos Cristal
TIERRA /SUELO	2 5 8	Arraigada Útil	• Cuadrado • Techo bajo	Amarillo Marrón	Ladrillo
METAL	6 7	Minuciosa Seria	• Redondo • Cúpulas	Plata Gris Oro Blanco	Piedra Acero
AGUA	1	Reflexiva Espiritual	• Fluida • Horizontal	Negro Azul marino	Bloques de ceniza
MADERA /ÁRBOL	3 4	Activa Espontánea	• Rectangular • Alta	Verdes	Maderamen

El *I Ching*, o *Libro de los Cambios*, es probablemente la guía más valiosa que podemos utilizar en nuestro viaje por la vida. Aunque esencialmente es un oráculo, la sabiduría de sus consejos puede interpretarse a muchos niveles distintos. Los eruditos creen que ha sido uno de los primeros intentos de los seres humanos de utilizar jeroglíficos para representar un conocimiento intuitivo de sí mismos en relación con un entorno más amplio: el Cielo y la Tierra. Esto se representó con ocho versiones diferentes de los trigramas (tres líneas horizontales enteras o partidas que simbolizan el yin y el yang), con dos de estos trigramas combinados para formar lo que se conoce como hexagrama. Esto daba al lector del oráculo 64 combinaciones posibles. A lo largo de los siglos, los eruditos han trabajado arduamente para interpretar el significado de estas combinaciones como guía para encontrar el camino correcto cuando afrontamos un dilema. En el apartado de recursos del final del libro, enumero varias ediciones del *I Ching*, que te aconsejo estudies con más detenimiento.

En el Feng Shui espacial y en la astrología del Feng Shui, los trigramas y su interpretación empiezan a conformar nuestra comprensión de «quiénes somos» (astrológicamente) y del significado de los distintos sectores de nuestra casa desde la perspectiva del Feng Shui espacial. Los trigramas también forman la base de un mapa de nueve sectores utilizado en el Feng Shui espacial y conocido como el bagua. Los trigramas están relacionados con cada una de las casas de este mapa de nueve sectores que también se utiliza en astrología, conocido con el nombre del Cuadrado Mágico de Lo Shu.

Cuando mires estas ocho versiones distintas de trigramas, recuerda que las líneas partidas representan una energía yin, mientras que las enteras representan la fuerza del yang. Recuerda también que están construidos de abajo arriba. En una interpretación simple, podemos buscar los puntos fuertes y las debilidades de los trigramas y lo que pueden representar. Por ejemplo, un trigrama puede tener una línea yin en la base que represente movimiento o cambio. Los trigramas también se refieren a las estaciones del año, a las direcciones de la brújula, a alguno de los Cinco Elementos, a algún elemento natural del entorno, y también pueden referirse a algún miembro concreto de la familia. Los ocho trigramas que se muestran aquí están relacionados con la secuencia del Cielo Posterior. Podrás volver a ellos mientras estudies el Feng Shui espacial y la astrología de las Nueve Estrellas.

CHIEN (lo creativo)

ESTRUCTURA DEL TRIGRAMA: ☰	Las tres líneas yang representan toda la influencia del Cielo y el principio masculino.
MIEMBRO DE LOS CINCO ELEMENTOS:	Gran Metal
MIEMBRO DE LA FAMILIA:	Padre

ELEMENTO NATURAL: Cielo
DIRECCIÓN DE LA BRÚJULA: Noroeste

KUN (lo receptivo)

ESTRUCTURA DEL TRIGRAMA: Las tres líneas yin representan toda la influencia de la Tierra y el principio femenino.

☷

MIEMBRO DE LOS CINCO ELEMENTOS: Gran Tierra
MIEMBRO DE LA FAMILIA: Madre
ELEMENTO NATURAL: Tierra
DIRECCIÓN DE LA BRÚJULA: Sudoeste

CHEN (lo suscitativo)

ESTRUCTURA DEL TRIGRAMA: La línea inferior es yang y empuja hacia arriba, hacia las dos líneas yin superiores, lo que representa el crecimiento.

☳

MIEMBRO DE LOS CINCO ELEMENTOS: Gran Madera
MIEMBRO DE LA FAMILIA: Hijo mayor
ELEMENTO NATURAL: Trueno
DIRECCIÓN DE LA BRÚJULA: Este

SUN (lo suave)

ESTRUCTURA DEL TRIGRAMA: La línea inferior es yin y empuja hacia arriba, hacia las dos líneas yang superiores, lo que es símbolo de crecimiento y penetración.

☴

MIEMBRO DE LOS CINCO ELEMENTOS: Pequeña Madera
MIEMBRO DE LA FAMILIA: Hija mayor
ELEMENTO NATURAL: Viento
DIRECCIÓN DE LA BRÚJULA: Sudeste

KAN (lo abismal)

ESTRUCTURA DEL TRIGRAMA: La línea intermedia de este trigrama es yang, y tanto la inferior como la superior son yin, lo que representa cautela.

☵

MIEMBRO DE LOS CINCO ELEMENTOS: Agua
MIEMBRO DE LA FAMILIA: Hijo del medio
ELEMENTO NATURAL: Agua
DIRECCIÓN DE LA BRÚJULA: Norte

LI (lo adherente)

ESTRUCTURA DEL TRIGRAMA: La línea central yin está rodeada y protegida por dos líneas yang, lo que representa claridad.

☲

MIEMBRO DE LOS CINCO ELEMENTOS: Fuego
MIEMBRO DE LA FAMILIA: Hija del medio
ELEMENTO NATURAL: Fuego
DIRECCIÓN DE LA BRÚJULA: Sur

KEN (el aquietamiento)

ESTRUCTURA DEL TRIGRAMA: Las líneas inferiores son yin y están protegidas por la superior, que es yang, lo cual sugiere quietud y contemplación.

☶

MIEMBRO DE LOS CINCO ELEMENTOS: Pequeña Tierra
MIEMBRO DE LA FAMILIA: Hijo pequeño
ELEMENTO NATURAL: Montaña
DIRECCIÓN DE LA BRÚJULA: Nordeste

TUI (lo sereno/lo gozoso)

ESTRUCTURA DEL TRIGRAMA: Dos sólidas líneas yang en la base dan paso a la línea yin de arriba, lo cual simboliza regocijo y celebración.

☱

MIEMBRO DE LOS CINCO ELEMENTOS: Pequeño Metal
MIEMBRO DE LA FAMILIA: Hija pequeña
ELEMENTO NATURAL: Lago
DIRECCIÓN DE LA BRÚJULA: Oeste

La energía chi

El concepto y el reconocimiento de la existencia de la energía chi constituyen la base de todos los aspectos de la filosofía y de la vida en Oriente. En japonés se denomina ki, y los hindúes llaman prana a esta fuerza vital. Es un concepto de difícil comprensión entre los occidentales ya que, desde la Revolución Industrial, hemos tendido a una perspectiva más yang de nuestro entorno y de nosotros mismos. Con esto quiero decir que solemos analizar, diseccionar y dividir en compartimientos nuestro entorno físico, mientras que hemos demostrado cada vez menos interés por el mundo vibratorio que hay en nuestro interior y a nuestro alrededor. Eso no ocurría en los últimos siglos, y el creciente interés en las formas vibratorias de curación (homeopatía, aromaterapia, acupuntura, reiki, etcétera) prueba que nuestra fascinación por el mundo vibratorio está creciendo. Al tiempo que sondeamos más profundamente en nuestro interior desde una perspectiva científica y hacemos nuevos descubrimientos sobre las estructuras química, molecular y del DNA, inevitablemente vamos tomando consciencia de la dirección que nos lleva a su conclusión definitiva. Esta es, por supuesto, una dirección fundamentalmente yang que propiciará más investigaciones en el mundo yin vibratorio que coexiste en nuestro interior.

¿Cómo sabemos que existe?

Como el chi es vibratorio, no es posible delimitarlo, categorizarlo ni racionalizarlo. Sin embargo, la intuición y la práctica nos de-

> *La energía chi es penetrante y cambiante, características parecidas al concepto de Viento y de Agua que forma la base del Feng Shui.*

muestran que existe. La energía chi se caracteriza, básicamente, por su capacidad de penetración y de cambio, algo parecido al concepto de Viento y Agua que constituye la base del Feng Shui. Nuestro viaje por la vida es cambiante, sinuoso, con ascensos y descensos, como la manifestación del propio chi. En la cultura occidental podríamos decir que el chi es nuestra percepción del espíritu. En términos prácticos equivaldría a «cómo nos sentimos». Hay días en que estamos felices, vibrantes, despiertos y llenos de entusiasmo, y otros en que nos sentimos desanimados, atascados, apáticos o malhumorados. No son atributos que puedan verse en un microscopio, pero son muy reales en el ámbito de la experiencia, no sólo la de uno mismo sino la del mundo que nos rodea. Es la energía chi que todos experimentamos.

El tiempo atmosférico que percibimos es penetrante y cambiante a la vez. El viento, la lluvia, las ventiscas, la nieve, el sol y la humedad son expresiones del chi, que nos afectarán de manera diferente, dependiendo de cuál sea nuestro estado. Tras meses de un tiempo triste, oscuro y lluvioso en un clima de cuatro estaciones, tal vez nos sintamos abrumados por los resplandecientes rayos del sol y el calor si nos tomamos unas vacaciones en mitad del invierno y nos vamos a un clima cálido. Y a la inversa, al regresar al frío y lluvioso invierno tras unas breves y vigorizadoras vacaciones al sol, nuestro cuerpo y nuestro chi reaccionarán inevitablemente al frío y a la humedad.

La energía chi también está presente en los alimentos que tomamos. No sólo hay que tener en cuenta las distintas cualidades de chi de los ingredientes, sino también su preparación e incluso su presentación en el plato. Los alimentos procesados, envasados y producidos industrialmente pueden ser científicamente correctos en cuanto a su valor nutritivo se refiere, pero en su esencia carecen de vitalidad o chi. Los alimentos frescos, preparados con amor e intención tienen un chi poderoso y vigorizador, mientras que la comida recalentada, pasada, o cocinada sin verdadera intención, carece de auténtica claridad y de chi fortalecedor.

En nuestro trato diario con los demás, todos utilizamos nuestra comprensión subconsciente del chi. Cuando saludamos a amigos o a colegas a los que llevamos tiempo sin ver, lo primero que notamos es su chi. ¿Parecen felices, tristes, cansados, llenos de energía, cariñosos, indiferentes o distantes? No valoramos racionalmente esta información sino que nos limitamos a captar su chi.

El chi del espacio y del tiempo

Cuando miramos objetivamente una posible vivienda futura, nuestras primeras impresiones son esenciales. Éstas nunca pueden ser racionalizadas científicamente, pero lo que captamos y experimentamos es la energía chi de esa casa. ¿Se trata de un espacio estimulante, inspirador, bien ventilado, o es triste, poco inspirador y paralizador? Para medir estos atributos no existen aparatos. Lo único que sirve es nuestra percepción del chi. El chi y la vibración del antiguo propietario ¿están aún atrapados entre las paredes? ¿Hay fuentes de chi paralizador cerca de la finca, como estanques, cementerios o casas abandonadas? ¿Hay formas más activas y amenazadoras de chi que sean más yang y que estén dirigidas contra la propiedad? Podría tratarse de cruces de carretera con mucho tráfico, vías de ferrocarril, edificios altos, antenas de telecomunicaciones, etcétera. Descubrir las fuentes de un chi potencialmente peligroso como éstos es parte del proceso que practicarás en capítulos sucesivos de este libro.

A medida que profundices en los ciclos del tiempo que recorres en tu viaje por la vida, notarás que esas cualidades cambiantes del chi son las que forman los ritmos de los ciclos. Conocer qué tipo de chi está contigo apoyándote en cada etapa del viaje te ayudará a planear qué actividades emprender y qué direcciones tomar, en vez de luchar contra ellas. Recuerda que el viaje consiste en fluir con la corriente, trabajar con el Tao. Esta sabiduría está a nuestro alcance y, si sabemos utilizarla, conseguiremos viajar con mucho menos esfuerzo y mucho más provecho a muchos niveles distintos.

Remedios Feng Shui

Teóricamente hablando, nuestra casa y nuestro entorno laboral deberían reflejar y sustentar nuestro sueño, nuestra visión y nuestro viaje. Todo lo que poseemos y todo lo que nos rodea tienen un encanto y un potencial especiales. En capítulos sucesivos, cuando empieces a estudiar más a fondo tu espacio, será necesario que te preguntes si no estás cargando con demasiado equipaje y si las cosas de las que te rodeas son, realmente, un reflejo de tu viaje. Los remedios Feng Shui, ya sean tradicionales, auténticos o intuitivos, tienen todos un importante factor en común: actúan como recordatorio, subconsciente, visual o simbólico, del objetivo y de la intención del viaje.

Los remedios Feng Shui son relativamente fáciles de comprender, y hay que utilizarlos con sabiduría y un claro sentido de la intención. Limitarse a colgar un cristal emplomado de talla esférica y muchas facetas en la ventana de la oficina que ocupa el sector del espacio relacionado con la fama y el reconocimiento no servirá de nada si no tienes en cuenta lo siguiente:

- ¿Has colocado el cristal con una intención y un objetivo claros?
- ¿Es la ventana lo bastante luminosa y brillante para que el potencial del cristal pueda entrar?
- La zona que queda debajo de la ventana, ¿refleja tu receptividad a la fama y al reconocimiento?

¡Un cristal colgado al azar con la «esperanza» de que ocurra algo, o situado en una ventana agrietada o sucia, encima de un archivador polvoriento lleno de representaciones del «pasado», ciertamente no te traerá lo que buscas! Más adelante hablaremos de cómo y cuándo utilizar estos remedios así como de la importancia de la intención.

Los remedios Feng Shui se dividen en tres categorías: los protectores, que son los que alejan chi potencialmente peligroso de la casa; los estabilizadores, para que siga funcionando de manera satisfactoria aquello que ya lo está haciendo, o para aportar estabilidad donde haya «ráfagas» de chi que se precipitan por la casa; y por último los potenciadores, que pueden elevar el potencial de un sector de la casa, o acabar con el estancamiento del chi en una casa o en una habitación. He aquí una lista de los remedios más frecuentes.

Remedios protectores

Bolas plateadas o metálicas: La superficie convexa de una bola combinada con un color reflectante ayuda a alejar o desviar el chi negativo que pueda entrar en una casa a través de la ventana. Suelen colgarse de un hilo unos quince grados por encima de la línea de los ojos en la parte interior del marco de la ventana.

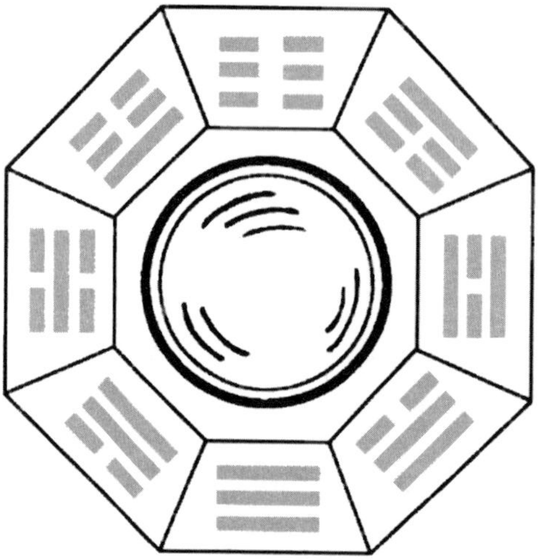

Espejos convexos: Pueden utilizarse dentro de la casa en los descansillos, los pasillos y los vestíbulos para desviar el chi negativo.

El espejo Bagua: Es un tradicional remedio protector que se utiliza sobre todo en el exterior de la casa para desviar un chi negativo que amenace la puerta delantera. Estos espejos son de forma octogonal, de unos diez centímetros de ancho por otros diez de alto, y tienen los trigramas del *I Ching* según la Secuencia Celestial Temprana en la parte exterior. En el centro hay un espejo redondo que hace las veces de reflector. Suelen colocarse sobre la puerta principal o junto a ésta.

Remedios estabilizadores

Estatuas o bronces: El mismo peso físico y la posesión de estas obras de arte aportan estabilidad. El mensaje que transmiten mediante su forma y su definición no sólo otorga estabilidad al espacio sino también a la persona, en cuanto recordatorios sutiles de lo que representan.

Imágenes: Las fotografías, carteles, pinturas y las pequeñas obras de arte son, para el subconsciente, un recordatorio constante de la estabilidad. ¡Ciertamente, la fotografía de una montaña representa mucho más la estabilidad que la de dos coches de Fórmula Uno en una pista de carreras!

Campanas tubulares: Conjunto de tubos hechos de bambú, acero o aluminio, que ayudan a frenar una energía chi de rápidos movimientos cuando circula violentamente por una habitación, un pasillo, o ante la puerta principal. En algunas ocasiones, pueden utilizarse para estabilizar la pesada energía descendente del chi que, a menudo, es un problema en las escaleras largas y verticales que llevan a la puerta principal.

Objetos de cerámica: La cualidad terrena que posee la energía de estos objetos puede ser muy útil a la hora de estabilizar el chi de una casa que esté en la planta baja. No sólo están hechos de tierra, que tiene atributos estabilizadores en el mundo natural, sino que también, por su tamaño y su peso, pueden aportar un fuerte sentido de seguridad y firmeza.

Sal marina: Siempre se la ha considerado uno de los minerales y elementos naturales más yang del planeta. Su principal propiedad es la conservación. La sal marina puede utilizarse para absorber un exceso de energía yin de la atmósfera, ya sea chi estancado o simplemente humedad. La sal marina se emplea en muchas ceremonias con el fin de limpiar los espacios, y los luchadores de sumo la utilizan para purificar el círculo de competición. Hay antiguas minas de sal en desuso que se utilizan para almacenar residuos nucleares inestables, debido a sus propiedades conservadoras y estabilizantes.

Potenciadores

Cristales: Un cristal natural de cuarzo tiene muchas facetas y es capaz de reflejar la luz intensamente. Si cuelgas uno en un sector soleado de la casa, potenciará la vitalidad de la luz diurna que entra en ese espacio. Los cristales amplifican y multiplican la calidad de la luz que entra en la casa, y por ello mejoran también la calidad de tu espacio vital. Es importante asegurarse de que el espacio que estás «potenciando» es ya brillante, claro y positivo. También debe tenerse en cuenta el tamaño del cristal: un cristal grande en una habitación pequeña puede resultar abrumador, mientras que un cristal pequeño en un gran espacio apenas tendrá efecto.

Espejos: Los espejos claros, sin imperfecciones, biselados o enmarcados doblan el espacio que reflejan. Tienen la capacidad de «abrir» una habitación o una esquina que tienen que parecer más grandes para reflejar cualquier aspecto o sector de la casa que quieras potenciar. En los restaurantes se utilizan con gran inteligencia para exagerar el tamaño del local y doblar el número de comensales que están presentes realmente. Al igual que los cristales, no se recomienda utilizarlos para realzar aspectos negativos de una casa.

Luces/velas: Cualquier fuente de luz es un microcosmos del Sol, la fuerza vital más potente que podemos aprovechar. Si las utilizamos en nuestra casa de manera efectiva, potenciarán rincones o sectores olvidados de nuestro espacio y fortalecerá cualquier cosa que queramos lograr. Por ejemplo, las velas son excelentes para estimular la pasión, la inspiración, la reflexión y la celebración. Puede utilizarse para idénticos fines otro tipo de luces, colocadas estratégicamente, sobre todo si reflejan nuestra aspiración personal en nuestro viaje.

Imágenes: Las imágenes inspiradoras y que alegran el espíritu actúan tanto a nivel consciente como inconsciente sobre nuestro corazón, nuestro chi y nuestra alma, para elevarlos y potenciarlos. Si, por ejemplo, tu carrera profesional está estancada, una imagen que represente la motivación y el éxito en el sector norte de tu casa u oficina será un recordatorio diario de tu objetivo. En cambio, una pintura melancólica, o una en la que aparezca un individuo aislado, o una carretera que no va a ningún sitio, colaborarán en la sensación de desánimo que experimentas en tu profesión o en tu viaje por la vida.

Sonido: Como el sonido es una energía vibratoria, puede utilizarse para activar un chi estancado y para vitalizar el espacio. En los tiempos antiguos se utilizaba el gong, las campanas tubulares o las campanillas. La versión moderna es el equipo de alta fidelidad o la televisión. Tienen un efecto similar, ya que dispersan el chi estancado y actúan sobre el espacio a nivel vibratorio.

Móviles: A veces, una habitación, un pasillo o una parte del jardín carecen de movimiento de la energía chi. En estos casos es apropiado utilizar un móvil para estimular la circulación del chi y prevenir, de ese modo, su estancamiento. Los móviles pueden ser de colores brillantes, o presentar símbolos variados. Si además contienen un elemento de sonido, su poder será más efectivo.

En resumen, todos los remedios Feng Shui tienen que ser apropiados, no sólo a la forma y al tamaño de la habitación, sino también al efecto que intentas lograr. Además, tienen que ajustarse a tu gusto y a tu personalidad. Si crees que la mejor solución en tu casa sería poner unas campanas tubulares en el pasillo pero realmente no te gustan, su efecto se verá limitado. De forma subconsciente, cada vez que pases junto a ellas te preguntarás: «¿Qué está haciendo esto aquí?», o «Si me golpeo de nuevo la cabeza con esto, lo arranco». ¿Crees que estos remedios van a despertar una curiosidad indebida en tus amigos, colegas o miembros de la familia, o que serás objeto de burla por ellos? Aquí es donde tendrás que recurrir a tu intuición y ver qué encaja realmente con tu manera de ser y te hace sentir cómodo.

SEGUNDA PARTE

EL FENG SHUI Y TU ASTROLOGÍA

Planea tu viaje

Capítulo 4

Determina quién eres

Feng Shui y astrología

En mi opinión, la manera más lógica de abordar el Feng Shui desde una perspectiva práctica es descubrir quiénes somos. Cualquier asesor de Feng Shui te preguntará tu fecha de nacimiento, y tal vez dónde naciste, para poder incorporar esta información crucial a sus cálculos Feng Shui. Como mi objetivo es que este libro sea una herramienta práctica, útil y accesible, expondré la astrología de las Nueve Estrellas como base de la Segunda parte de esta obra.

Lo que más me gusta de este sistema es su simplicidad, y también su profundidad. Con un poco de práctica podrás tomar las riendas de cualquier situación, y con los cálculos que explicaré a continuación, harás nuevos descubrimientos y podrás mirar al pasado (tus relaciones, tus movimientos y las decisiones que hayas tomado) para juzgar si, en ese momento, obraron a tu favor o en tu contra.

En la práctica del Feng Shui, empezar averiguando tu constitución astrológica te llevará directamente al núcleo del sistema. Tú eres el centro del universo, un mapa bagua andante. Si empiezas con la astrología para pasar después a tu salud, cuando comiences a aplicar el Feng Shui a casos prácticos, ya tendrás suficiente dominio de los principios y la dinámica de esta disciplina.

En ese viaje es de vital importancia saber quién eres, dónde estás y qué dirección tomar. La astrología desempeña un papel fundamental en este proceso, y en las páginas siguientes revelaré un sistema que vengo utilizando desde 1977 y que me ha aportado un excelente medio de manifestar lo que intuitivamente ya sentía. «Quién eres» significa trazar tu horóscopo único y personal, y yo te enseñaré a calcularlo para que descubras tu verdadero potencial.

El sistema está basado en ciclos de nueve, que pueden ser años, meses o días. Para planear o iniciar cualquier actividad que tengas en mente, es fundamental saber «dónde estás» en este ciclo temporal. En vez de iniciar una acción y esperar a que salga bien, si sabes cuáles son los momentos más oportunos para hacerlo, mayores serán las posibilidades de éxito. Para los cambios importantes de la vida, no sólo podrás determinar en qué momento realizarlos, sino también qué direcciones están alineadas favorablemente con tu energía chi en cualquier mes o año concretos.

En la astrología oriental hay muchos estilos diferentes, relacionados directamente con el Feng Shui, o que de alguna forma están conectados con el *I Ching*, el yin y el yang o los Cinco Elementos. Las distintas escuelas de Feng Shui tienen sus preferencias, y no existen demasiadas coincidencias entre los diferentes sistemas. Todos ellos, sin embargo, parten de la misma filosofía y tienen el mismo objetivo, es decir, determinar el destino. Tanto si se trata de un futuro inmediato, del año que viene o de una visión a largo plazo, estos sistemas te proporcionarán una guía fundamental. Todos ellos se originaron en China, y la utilización y popularidad de cada uno de ellos varía según las regiones.

El sistema más conocido es el llamado Tzu Pin o de los Cuatro Pilares, y se basa en el año, el mes, el día y la hora del nacimiento. El Tzu Wei es otro sistema, más complicado y técnicamente difícil, que en los últimos años se ha revitalizado gracias a los ordenadores, que simplifican sus complejos cálculos. Otro sistema es el conocido como la Astrología de las Nueve Casas o de las Nueve Estrellas, que utiliza el Cuadrado Mágico de Lo Shu para determinar cuáles son las direcciones más favorables hacia las que mirar mientras se trabaja o se duerme, y cuál es la dirección ideal para la puerta principal de la casa. Para ello, se utilizan ciclos de nueve años. Si conoces la posición de tu estrella mientras gira por este ciclo y la alimentas y la proteges mientras pasa por una de las direcciones cardinales o intercardinales de la brújula, descubrirás como sacar el máximo provecho de tu potencial.

También explicaré un sistema japonés de astrología llamado «Ki de las Nueve Estrellas». En japonés, la expresión «ki» tiene el mismo significado que la china «chi». El Ki de las Nueve Estrellas se originó en China como evolución del sistema astrológico de las Nueve Casas. Como muchos otros aspectos de la cultura japonesa, probablemente llegó a Japón gracias a los monjes que viajaban.

El Ki de las Nueve Estrellas es muy popular en Japón hoy día. Se trata de un simple y elegante sistema que nos da acceso a toda una nueva y fascinante esfera. A diferencia del sistema chino de las Nueve Casas, los hombres y las mujeres comparten la misma estrella, y no tiene en cuenta el que se haya nacido en el hemisferio norte o en el sur. En cambio, en los sistemas de tanta exactitud de Tzu Pin y Tzu Wei, el lugar y la hora exacta del nacimiento son fundamentales para los cálculos.

Cuando comiences a comprender y a practicar este sistema, fíjate en los horóscopos de los seres queridos y en las fechas de los cambios importantes que has hecho en tu vida hasta ahora. Esto te ayudará a desarrollar una mayor habilidad con este sistema. Para un estudio más en profundidad del Ki de las Nueve Estrellas, recomiendo mi libro anterior *Feng Shui Astrology*.

Cómo calcular tu horóscopo

En las páginas siguientes, te guiaré paso a paso a través del proceso de encontrar cuáles son las tres estrellas que constituyen tu carta desde una perspectiva del Ki de las Nueve Estrellas. La primera estrella de la carta, a la que llamo Número Principal, revela la fuerza motora de tu personalidad. Equivale al signo solar de la astrología occidental. La segunda estrella de tu horóscopo es la llamada Número del Carácter, que revela tus facetas más escondidas y las que rara vez expresas en público. Este Número del Carácter suele aparecer cuando te sientes presionado o estás contra las cuerdas.

Su equivalente en la astrología occidental es el signo lunar. La tercera estrella es el Número Energético. Esta estrella nos muestra nuestro funcionamiento en el mundo a un nivel más superficial, en el día a día y la comunicación con los demás. En astrología occidental sería el Ascendente. Con estas tres estrellas podrás crear un perfil de ti mismo que te abrirá nuevos e interesantes conocimientos sobre tu carácter.

Con este sistema verás si estás aprovechando al máximo el potencial que revela tu perfil. Muy a menudo, los padres y los educadores nos condicionan a tomar un camino en esta vida que no es realmente el nuestro. Hace poco, Takashi Yoshikawa, una de las máximas autoridades mundiales en la astrología de las Nueve Estrellas, ofreció su interpretación de las tres estrellas que componen un horóscopo. Comparó la primera estrella con «el modelo de coche que somos», la segunda estrella con «el conductor de ese coche», y la tercera con «la manera de conducir el coche». Estas simples metáforas son una excelente expresión de lo que el Ki de las Nueve Estrellas puede revelar acerca de nuestra personalidad.

Cómo calcular el Número Principal

Tanto si quieres calcular qué estrella estaba presente en el año de tu nacimiento como si quieres saber bajo qué influencia está un año concreto, deberás hacer los mismos cálculos. En la astrología del Ki de las Nueve Estrellas el año empieza el 4 de febrero y termina el 3 de febrero. Si has nacido entre el 1 de enero y el 3 de febrero, recuerda hacer los cálculos para el año anterior.

Para una rápida y fácil referencia de todos los años y estrellas en cuestión, utiliza la tabla de la página siguiente.

MÉTODO 1. Para calcular el año en el siglo XX, puedes seguir este sencillo cálculo. Empieza por eliminar el 1 y el 9 del año en cuestión y suma las dos cifras restantes del año. Si la suma da un resultado inferior a 10, réstale esta cifra a 10. Esto te dará tu Número Principal.

Por ejemplo: 1953
= 53
= 5 + 3
= 8
10 - 8
= 2 Estrella de Suelo

Si los dos últimos dígitos suman 10 o más, suma de nuevo las cifras del resultado hasta obtener uno que sea inferior a 10, y sigue entonces el cálculo como se ha expuesto arriba.

Por ejemplo: 1946
= 46
= 4 + 6
= 10
1 + 0
= 1
10 - 1
= 9 Estrella de Fuego

MÉTODO 2. El siguiente cálculo puede utilizarse para cualquier año de la historia, incluidos el siglo XX, el XXI y siguientes. Sencillamente, deben sumarse los dígitos que forman el año en cuestión y proceder con sucesivas sumas hasta tener una cifra igual o inferior a 10. Entonces, sólo hay que restar de once la cifra obtenida. Esto revela el Número Principal del año en cuestión.

Por ejemplo: 1953
= 1 + 9 + 5 + 3
= 18
= 1 + 8
= 9
= 11 - 9
= 2 Estrella de Suelo

9	8	7	6	5	4	3	2	1
1910	1911	1912	1913	1914	1915	1916	1917	1918
1919	1920	1921	1922	1923	1924	1925	1926	1927
1928	1929	1930	1931	1932	1933	1934	1935	1936
1937	1938	1939	1940	1941	1942	1943	1944	1945
1946	1947	1948	1949	1950	1951	1952	1953	1954
1955	1956	1957	1958	1959	1960	1961	1962	1963
1964	1965	1966	1967	1968	1969	1970	1971	1972
1973	1974	1975	1976	1977	1978	1979	1980	1981
1982	1983	1984	1985	1986	1987	1988	1989	1990
1991	1992	1993	1994	1995	1996	1997	1998	1999
2000	2001	2002	2003	2004	2005	2006	2007	2008
2009	2010	2011	2012	2013	2014	2015	2016	2017

Perfiles de las nueve estrellas principales

El 1: Estrella Blanca de Agua

AÑOS

1918, 1927, 1936, 1945, 1954, 1963, 1972, 1981, 1990, 1999, 2008, 2017, 2026

SIMBOLOGÍA DEL *I CHING*

Trigrama: K'an - Agua; Miembro de la familia: Hijo Mediano

PERFIL

El 1, o Estrella Blanca de Agua, revela una carácter tímido y reservado. Esta naturaleza honda y melancólica es parte de la cualidad profunda que el Agua puede manifestar. Se trata de personas filosóficas que a menudo ocultan sus puntos fuertes, y que piensan mucho antes de contraer un compromiso o realizar un cambio importante en su vida. Según los condicionantes individuales, pueden dar la impresión de tener una naturaleza totalmente contraria y expresarse como bulliciosas, animadas, atractivas y amantes de la diversión. El simbolismo del Agua explica esta dicotomía: un océano hondo y contemplativo, o un vivaz río de montaña.

El Agua, por naturaleza, es aventurera y necesita un «contenedor». Ya sea un vaso, una botella o las orillas de un río, necesita conocer sus límites.

El simbolismo del Hijo Mediano significa que las personas que han nacido bajo esta estrella pueden ser grandes diplomáticas, tanto en la familia como en su comunidad. Arbitran con facilidad e instigan la reconciliación. En la medicina china, el agua está asociada con la función de los riñones, de la vejiga urinaria y con el sistema reproductor. Sexualmente hablando, estos individuos pueden ser muy apasionados, aunque no lo expresen abiertamente. Los individuos nacidos bajo esta estrella son buenos escritores, exploradores, filósofos, abogados y compositores.

EJEMPLOS

Nelson Mandela, el capitán James Cook, Julio Verne, Ken Russell, Antonio Vivaldi y James Joyce.

El 2: Estrella Negra de Suelo

AÑOS

1917, 1926, 1935, 1944, 1953, 1962, 1971, 1980, 1989, 1998, 2007, 2016

SIMBOLOGÍA DEL *I CHING*

Trigrama: K'un - Tierra; Miembro de la familia: Madre

PERFIL

Al tratarse de tres líneas yin, este trigrama representa la expresión máxima de la energía femenina, la madre. Estos individuos se sienten a gusto cuando están en una posición de servicio a los demás. Son brillantes, llenos de energía y dispuestos a complacer. Por lo general, cumplen con sus obligaciones y son trabajadores tranquilos y dignos de confianza. No suelen recibir el reconocimiento al que aspiran otras estrellas principales. A veces pueden ser quisquillosos con los detalles y llegar a ser obsesivos. Tienden a ser convencionales, conservadores, amables y con mucho tacto.

Su energía brillante y entusiasta tiene que templarse con la seguridad y estabilidad en sus vidas. Sus mejores cualidades salen a relucir cuando trabajan con la familia o en equipo, siempre y cuando otro tome las decisiones importantes y ejerza cierta autoridad.

En la comunidad, en la familia o en la política internacional esta estrella confiere diplomacia y humanitarismo. Estos individuos son excelentes cuidadores, asistentes sociales, banqueros, etcétera, y encajan bien en cualquier profesión relacionada con el servicio.

EJEMPLOS

Dalai Lama, Tony Blair, Abraham Lincoln, John F. Kennedy, Isabel II de Inglaterra y Louis Braille.

El 3: Estrella Verde Brillante de Árbol

AÑOS

1916, 1925, 1934, 1943, 1952, 1961, 1970, 1979, 1988, 1997, 2006, 2015

SIMBOLOGÍA DEL *I CHING*

Trigrama: Ch'en - Trueno; Miembro de la familia: Hijo Mayor

PERFIL

Son individuos brillantes y entusiastas a los que les encanta la espontaneidad de iniciar una acción, pero que enseguida se debilitan si tienen que encargarse de los detalles y de la culminación de los proyectos. El simbolismo del amanecer y de la primavera, junto con la energía del Hijo Mayor, les da un maravilloso espíritu juvenil. Son personas muy optimistas, con buen sentido del humor y grandes conversadoras. Como el hijo mayor en una familia, son las que rompen los moldes y tienen que aprender primero. Como resultado, esta estrella comete abundantes errores, sobre todo en su juventud, pero es lo bastante flexible y adaptable como para recuperarse. Es frecuente que estas personas repitan sus errores o fracasos, pero cuando se acercan a los 27 años, su vida se vuelve más estable.

Son auténticos pioneros en todos los sentidos, explorando terrenos nuevos para sus hermanos más pequeños. Muchos parecen ruidosos y sociables, pero tienen una enorme resistencia y capacidad para trabajar duro. Entre estos individuos hay grandes descubridores en la ciencia y en las artes.

EJEMPLOS

Margaret Thatcher, Vincent Van Gogh, Elvis Presley, Mick Jagger, Jim Morrison, Joe Frazier y Sir Frank Whittle.

El 4: Estrella Verde de Árbol

AÑOS

1915, 1924, 1933, 1942, 1951, 1960, 1969, 1978, 1987, 1996, 2005, 2014, 2023

SIMBOLOGÍA DEL *I CHING*

Trigrama: S'un – Viento; Miembro de la familia: Hija Mayor

PERFIL

Mientras que el 3, o la Estrella Verde Brillante de Árbol, representa las cualidades yang del amanecer, los inicios y la primavera, el 4, o estrella Verde de Árbol, es una versión más yin de la anterior. Suelen ser individuos muy intuitivos, los más sensibles de las Nueve Estrellas y, probablemente, los más cambiantes. Como el viento, tienen la posibilidad de ser influidos y persuadidos por la energía que los rodea, o todo lo contrario: ser muy influyentes y persuasivos en sus acciones. Son muy leales con los amigos, la familia y los colegas, y creen sinceramente que estas relaciones son de suyo buenas. Antes de entablar nuevas relaciones, es recomendable que busquen el consejo de un amigo íntimo.

Las personas nacidas bajo esta estrella tienen tendencia a «escuchar» con los ojos. A mucha gente, esto le parece una intrusión, mientras que otras personas interpretan la intensidad de esa mirada como señal de coquetería, lo cual no suele ser cierto. Lo que ocurre es que son individuos que saben escuchar y lo hacen sin parpadear. A veces, su rumbo en la vida cambia de forma imprevista, como el viento y la meteorología. El trigrama S'un empieza con una línea entera suave que asciende hacia las dos líneas firmes de arriba. Esto simboliza su necesidad de apoyo en la vida. Es aconsejable que eviten situaciones y conflictos que los dejen sin energía. En el trabajo, son excelentes planificadores de futuros proyectos, y también destacan como agentes de viajes, transportistas y relaciones públicas. Muchos también triunfan en el cine y en la televisión. Su naturaleza amable pero persuasiva los hace ideales para cualquier trabajo relacionado con la comunicación.

EJEMPLOS

Bob Hoskins, Harrison Ford, Shakespeare, John Logie Baird, Lawrence de Arabia, Jimi Hendrix.

El 5: Estrella Amarilla

AÑOS

1914, 1923, 1932, 1941, 1950, 1959, 1968, 1977, 1986, 1995, 2004, 2013, 2022

SIMBOLOGÍA DEL *I CHING*

Trigrama: Ninguno, ya que representa el centro de este sistema.

PERFIL

La posición del 5, o Estrella Amarilla, en el espectro del uno al nueve es el centro muerto. Al ocupar esta posición prominente, los individuos nacidos bajo esta estrella suelen ser el centro de atención en la familia y también en el medio laboral, lo cual los llena con el profundo deseo de implicarse en todos los aspectos familiares, laborales y sociales. Esto suele llevarlos a posiciones de confianza y a la responsabilidad de tomar decisiones. No les asusta el trabajo duro, y aunque tienden a cometer errores al principio de sus carreras, tienen la fortaleza y la tenacidad necesarias para superarlos.

Como no tienen simbología familiar en el *I Ching*, a veces emprenden una vida de viajes y de búsqueda de nuevas experiencias más pronto que las demás estrellas, y a menudo crecen lejos de la influencia de la familia. Muchas personas con esta estrella como Número Principal dejan pronto el hogar y dan muestra de gran talento desde muy jóvenes. Todo ello, unido a la capacidad para trabajar duro y a su determinación, los hace triunfar en la vida, especialmente en los negocios.

Aunque el 5, o Estrella Amarilla, ocupa el centro de este sistema astrológico, también marca un punto de inflexión y el inicio y el final de un ciclo. Esto facilita la renovación y los inicios en lo que a relaciones y proyectos de trabajo se refiere, aunque a la vez puede representar descomposición y destrucción.

Por lo general sociables, estos individuos pueden ser grandes diplomáticos, políticos y dueños de restaurantes y clubes nocturnos famosos. Su carácter directo y pragmático los hace heterodoxos, así como ambiciosos líderes militares.

EJEMPLOS

Henry Kissinger, Mahatma Ghandi, Stonewall Jackson, Richard Branson, Enrique VIII de Inglaterra, Elizabeth Taylor, Greta Garbo, Ludwig van Beethoven.

El 6: Estrella Blanca de Metal

AÑOS

1913, 1922, 1931, 1940, 1949, 1958, 1967, 1976, 1985, 1994, 2003, 2012, 2021

SIMBOLOGÍA DEL *I CHING*

Trigrama: Ch'ien – Cielo; Miembro de la familia: Padre

PERFIL:

Dado que en el *I Ching* esta estrella representa la imagen del Cielo y la presencia del padre, estos individuos tienen capacidades naturales de liderazgo y de autoridad. Pueden parecer tímidos, callados y reservados, pero están impulsados por una gran tenacidad. La influencia del Cielo los hace profundamente espirituales, mientras que la fuerte influencia del Padre puede llevarlos a ver el mundo de una manera muy pragmática, muy de blanco o negro.

Con frecuencia, son extremadamente sinceros, directos y autocríticos con su propio talento. A nadie le gusta que lo critiquen, pero el 6, o Estrella Blanca de Metal, se toma las críticas muy mal. A menudo son los que abren el camino a nuevas tendencias, a nuevas definiciones de límites, y consiguen que sus compañeros de trabajo se concentren en el objetivo marcado. Su capacidad de liderazgo los hace brillar en todas las esferas, ya sea como directores de grandes empresas, como gobernantes o como personalidades militares o religiosas. Su carácter directo y pragmático y su sentido de la justicia hacen de ellos buenos abogados. También destacan en los deportes.

EJEMPLOS

El duque de Wellington, Napoleón Bonaparte, Pierre Renoir, Pelé, Jesse Owens, Sharon Stone, James Dean.

El 7: Estrella Roja de Metal

AÑOS

1912, 1921, 1930, 1939, 1948, 1957, 1966, 1975, 1984, 1993, 2002, 2011, 2020.

SIMBOLOGÍA DEL *I CHING*

Trigrama: Tui - El Lago/Lo sereno; Miembro de la familia: Hija Menor

PERFIL

El trigrama que representa el Lago está formado por dos líneas yang enteras que se abren hacia la línea superior que es yin, por lo que este trigrama tiene una base profunda, y una superficie reflectante. Como miembro más joven de la familia, la Hija Menor es una estrella que ha aprendido de la experiencia vital colectiva de los hermanos mayores y de sus padres. En la vida, estos individuos tienen una profunda comprensión del funcionamiento del mundo y éste no suele darles problemas. Es como si los padres o los hermanos mayores, más responsables, se ocuparan de los detalles y de las preocupaciones.

Son individuos confiados, seguros, sociables y amantes de la diversión. Suelen disfrutar en las reuniones, comiendo fuera y frecuentando los espacios de ocio, y saben muy bien qué está de moda. Con frecuencia, parecen más jóvenes de lo que realmente son.

Tienen una naturaleza encantadora que se expresa sabiendo escuchar a los demás. Con ellos todo el mundo se siente a gusto, como en casa. El cúmulo de experiencias que les llega de pequeños puede convertirlos en buenos oradores o escritores. Como tienen el elemento Metal en su estrella, son excelentes consejeros en el mundo de las finanzas. Esta claridad del Metal los inclina hacia trabajos relacionados con el mercado financiero o la contabilidad. Su capacidad para escuchar y para socializar los convierte en excelentes consejeros, profesores y oradores.

EJEMPLOS

George Washington, Georges Jacques Danton, Émile Zola, D. H. Lawrence, Thomas Hardy, Tchaikovsky, John Keats.

El 8: Estrella Blanca de Suelo

AÑOS

1911, 1920, 1929, 1938, 1947, 1956, 1965, 1974, 1983, 1992, 2001, 2010, 2019

SIMBOLOGÍA DEL *I CHING*

Trigrama: Ken – Montaña; Miembro de la familia: Hijo Menor

PERFIL

La Montaña representa estabilidad, fuerza y estoicismo. Los individuos con esta estrella como Número Principal son muy trabajadores y tenaces. De todos los elementos Suelo de las Nueve Estrellas, la Montaña es el más yang. Si para llegar a un lugar hay un camino fácil y uno difícil, estas personas suelen elegir el difícil. A menudo repiten errores a lo largo de la vida, pero su determinación las hará vencer todos los obstáculos.

Tienen un profundo sentido de la justicia, y su calmado exterior sólo se agita frente a la injusticia, ya sea en la sociedad, en la familia o en el entorno laboral. Les gusta el cambio y la revolución, pero sólo si son ellos los que los instigan.

Como la Hija Menor (el 7, Estrella de Metal), estos individuos aprenden de la experiencia de la vida. Rara vez escuchan los consejos de los demás y tienen que descubrirlo todo por sí mismos, aun cuando el proceso sea doloroso. De ese modo, su conocimiento de las cosas procede de la experiencia y nunca es sólo intelectual o teórico.

Su carácter estable y merecedor de confianza los lleva a profesiones relacionadas con el servicio, sea como gerentes de empresa, vendedores, contables, granjeros o productores. Su gran sentido de la justicia los hace destacados activistas a favor de los derechos humanos, abogados o agentes de policía.

EJEMPLOS

Mao Tsedong, Yasser Arafat, Lord Horatio Nelson, Charles Dickens, Germaine Greer, Grace Kelly, Johann Goethe, Juan Pablo II, Carl Jung.

El 9: Estrella Púrpura de Fuego

AÑOS

1910, 1919, 1928, 1937, 1946, 1955, 1964, 1973, 1982, 1991, 2000, 2009, 2018.

SIMBOLOGÍA DEL *I CHING*

Trigrama: Li - Fuego; Miembro de la familia: Hija Mediana

PERFIL

La presencia del Fuego en la constitución de esta estrella le da una apariencia externa de energía, brillo, extravagancia e incluso vanidad. Este brillante exterior suele enmascarar un interior más suave y yin, que puede ser autocrítico, inseguro y falto de confianza en sí mismo. Para estos individuos, es importante tener el reconocimiento y el apoyo de sus amigos, familiares y colegas. Su punto fuerte es la capacidad de ver con claridad cuando otros están perdidos en la niebla, y ser un faro cuando los demás están extraviados y confundidos. Esta luz puede aparecer sólo en breves destellos, pero es profunda y motiva a todos los que hay a su alrededor. Muchos destacan como comunicadores, y gracias a ello inspiran confianza y dirección a los que los rodean. Son apasionados, complejos y críticos, dados a estallidos de ira y frustración. Como la energía del Fuego necesita combustible, el 9 se nos presenta a menudo con una conducta y una expresión erráticas. En un momento, pueden verse iluminados por una nueva idea, y al momento siguiente estar descansando o embarcándose en otra empresa nueva. Necesitan apoyo emocional, descanso para cargar las pilas, y mucho aliento de los amigos íntimos cuando pasan por fases en las que dudan de sí mismos.

Su carácter abierto y motivador los lleva a trabajos en que estén en contacto con el público. Destacan como actores, músicos, relaciones públicas, publicistas y vendedores. Debido a sus dotes de comunicación, también triunfan en la radio y la televisión.

EJEMPLOS

Winston Churchill, Che Guevara, Bill Clinton, William Blake, Monica Seles, Donald Trump, Bill Gates, la Madre Teresa, Niccolo Maquiavelo.

Determina tu Estrella del Carácter

Mientras que tu Número Principal representa la fuerza que te impulsa, tu verdadero potencial en la vida, tu Número del Carácter revela una cara más oculta de tu naturaleza. Esta estrella está relacionada con las emociones, y puede darte un conocimiento de tus reacciones ante distintas situaciones, sobre todo cuando estás presionado. Sólo los muy íntimos conocen esta faceta de tu carácter, que tiende a salir a la superficie cuando te sientes acorralado.

Cómo calcularla

Estos cálculos se basan en el año y el mes de nacimiento. Examina la tabla de la página siguiente y mira en la cabecera dónde se encuentra tu Número Principal. Después, mira la columna de la izquierda hasta encontrar tu fecha exacta de nacimiento. Recorre esa hilera horizontal hasta encontrar la columna en la que se cruce con tu Número Principal. Esa será tu Estrella del Carácter.

FECHA DE NACIMIENTO	1,4,7	5,2,8	3,6,9
4 febrero - 5 marzo	8	2	5
6 marzo - 5 abril	7	1	4
6 abril - 5 mayo	6	9	3
6 mayo - 5 junio	5	8	2
6 junio -7 julio	4	7	1
8 julio - 7 agosto	3	6	9
8 agosto - 7 septiembre	2	5	8
8 septiembre - 8 octubre	1	4	7
9 octubre - 7 noviembre	9	3	6
8 noviembre - 7 diciembre	8	2	5
8 diciembre - 5 enero	7	1	4
6 enero - 3 febrero	6	9	3

Por ejemplo, si tu fecha de nacimiento es el 2 de abril de 1985, empezarás calculando tu Número Principal, que es el 6 de Metal (5 + 8 = 13, 1 + 3 = 4, 10 – 4 = 6 Metal).

Ahora busca la hilera en que aparezca tu fecha de nacimiento (entre el 6 de marzo y el 5 de abril). Ve hasta la columna final en donde aparece el 6 (tu Número Principal), junto con el 3 y el 9. Busca el lugar donde se cruzan ambas columnas y verás que tu Número del Carácter es el 4.

Estrella del Carácter número 1

Este Número del Carácter de Agua tiene dos naturalezas posibles. Algunas personas son cautas, reservadas y profundas, mientras que otras son abiertas, sociables y divertidas. En términos generales, sin embargo, cuando están presionadas, les gusta escapar, como el agua, y suelen evitar las dificultades y los conflictos.

Estrella del Carácter número 2

En lo profundo de su ser, estos individuos son leales, serviciales y diplomáticos. Son muy tolerantes en casi todas las situaciones y, a menudo, tienen que protegerse para que los demás no abusen de ellos ni se aprovechen de su apoyo incondicional.

Cuando están presionados, siempre intentan resolver los problemas de forma que todo el mundo quede contento. Utilizan todo su tacto y diplomacia para conseguir que los conflictos se resuelvan de manera satisfactoria para todas las partes implicadas.

Estrella del Carácter número 3

En lo profundo de su ser, estos individuos son muy trabajadores. Tienden a ser expresivos, entusiastas e impulsivos. Se expresan libre y sinceramente, sin pensar en las posibles consecuencias. Sin embargo, su calidez y espontaneidad los saca enseguida de los problemas. Cuando están presionados, el trigrama que representa el número 3 de Árbol (el Trueno) se manifestará por sí mismo. Pueden ser muy explosivos.

Estrella del Carácter número 4

Estos individuos tienen una naturaleza muy dulce y sensible. Se ven fácilmente influidos por los estados de ánimo de los demás y por las circunstancias externas. Son leales y abiertos, y corren el riesgo de agotarse al intentar satisfacer las exigencias irrazonables de los demás.

Cuando están presionadas, estas personas intentan evadirse, como el Viento que representan. Y también como el Agua, cuando están acorraladas, prefieren evitar la confrontación directa.

Estrella del Carácter número 5

En esta situación, descubrirás que la Estrella Principal y el Número Energético tienen el mismo elemento. Aquí, el número 5 de Suelo potenciará las cualidades de su Número Principal. Esta Estrella del Carácter número 5 puede ser dominante, controladora y egoísta. Estos individuos suelen demostrar audacia en todo lo que emprenden, y cuando están presionados, pueden ser agresivos. Mantendrán sus puntos de vista con firmeza y vencerán los obstáculos mediante su gran determinación.

Estrella del Carácter número 6

En lo profundo de su ser, estas personas son reservadas. Tienen una gran fuerza interior, y ven y experimentan el mundo de una manera muy directa y lógica. Suelen ser individuos cuidadosos y prudentes en todos sus asuntos, y rara vez explican cuáles son sus proyectos futuros. Cuando están presionados, encarnan toda la fuerza del Cielo y la autoridad del Padre. Pueden ser tercos, inamovibles e incluso dogmáticos.

Estrella del Carácter número 7

En su interior, estas personas se sienten muy seguras de sí mismas, por lo que suelen expresarse de manera independiente y festiva. Son cálidas, flexibles y sensibles respecto a las que las rodean. Como se trata de la Hija Menor, a veces estos individuos necesitan retirarse para reflexionar.

Sólo reaccionarán con fuerza cuando vean amenazada su independencia o la expresión de ésta. Para estas personas es muy importante poder expresarse libremente.

Estrella del Carácter número 8

Estos individuos son muy poco comunicativos. Sus amigos íntimos, familiares y parejas saben que necesitan su propio espacio para hacer inventario de su vida. Como la Montaña que representan, son fuertes y tenaces. Muchos son indulgentes consigo mismos, tienden a engordar y a tener reacciones exageradas.

Sólo se sienten presionados ante la injusticia, sea cual sea su forma. En esas ocasiones, pueden ser explosivos, coléricos y tal vez incluso farisaicos.

Estrella del Carácter número 9

Son personas muy cálidas, apasionadas y cariñosas, y les gusta recibir el mismo trato en sus relaciones. Necesitan respuestas a sus iniciativas, y también apoyo. A menudo son alegres, vivaces y espontáneas, aunque, a veces, caen en el egoísmo y la vanidad.

Cuando están presionadas, expresan sus emociones de una manera dramática, ya sea recurriendo a las lágrimas, compadeciéndose de sí mismas, o mediante la ira o la histeria. Terminado el espectáculo, olvidan enseguida el origen del problema.

Determina tu Estrella Energética

El significado de esta tercera estrella del horóscopo tiene diversas interpretaciones. En primer lugar, representa cómo te presentas a los demás en la vida de cada día, es decir, tu forma de vestir, de conducir, de cocinar, de comunicarte y de expresarte. En segundo lugar, es como la «primera impresión» que tienen de ti los demás. La última interpretación, y la más profunda, que coincide con la interpretación del Ascendente de la astrología occidental, nos indica en qué esferas de la vida encontramos los desafíos que ésta nos presenta. Si, por ejemplo, tu estrella energética es el 9, tu reto en la vida y lo que deberás mejorar son tus habilidades para la comunicación y el saber inspirar a los demás.

Calcula tu Estrella Energética

En la tabla inferior no sólo encontrarás tu Estrella Energética, sino también tu horóscopo completo. Empieza buscando en la columna de la izquierda, donde encontrarás las Estrellas Principales alineadas en sentido vertical. Luego mira la parte superior de las 12 columnas para buscar tu día y mes de nacimiento. Igual que los años, los meses empiezan un poco más tarde. Procede del mismo modo que cuando calculaste la Estrella Principal, y busca el punto en que se encuentran ambas coordenadas. En ese punto estarán las tres estrellas de tu constitución astrológica.

CÁLCULO DE LAS 3 ESTRELLAS

	FEB 4feb-5mar	MAR 6mar-4abr	ABR 5abr-4may	MAY 5may-5jun	JUN 6jun-6jul	JUL 7jul-6ago	AGO 7ago-7sep	SEP 8sep-7oct	OCT 8oct-6nov	NOV 7nov-6dic	DIC 7dic-4ene	ENE 5ene-3feb
1. AGUA	187	178	169	151	142	133	124	115	196	187	178	169
2. SUELO	225	216	297	288	279	261	252	243	234	225	216	297
3. ÁRBOL	353	344	335	326	317	398	389	371	362	353	344	335
4. ÁRBOL	481	472	463	454	445	436	427	418	499	481	472	463
5. SUELO	528	519	591	582	573	564	555	546	537	528	519	591
6. METAL	656	647	638	629	611	692	683	674	665	656	647	638
7. METAL	784	775	766	757	748	739	721	712	793	784	775	766
8. SUELO	822	813	894	885	876	867	858	849	831	822	813	894
9. FUEGO	959	941	932	923	914	995	986	977	968	959	941	932

Estrella Energética número 1

Estos individuos parecen indecisos y tienden a la abulia. Su ánimo es tranquilo, pero dada la naturaleza cambiante del Agua, a veces son erráticos.

Estrella Energética número 2

Por lo general, la forma de expresión de estas personas es diplomática y servicial. Tienen tendencia a ser muy detallistas, a veces hasta el punto de la obsesión. Saben cumplir su palabra, y suelen ser puntuales.

Estrella Energética número 3

Con el Trueno como regente de esta estrella, son personas ruidosas y expresivas. Los demás las ven entusiastas, trabajadoras y espontáneas. Son más eficaces ideando y empezando proyectos que completándolos.

Estrella Energética número 4

Se expresan de modo tranquilo, amable y fiable. Son personas que trabajan a su manera y a su ritmo, y tienen un carácter agradable que se manifiesta con fuerza cuando no están presionadas.

Estrella Energética número 5

Se trata de individuos que tienen gran control sobre sí mismos, capacidad de liderazgo, y que pueden llegar incluso a ser dominantes. Su presencia siempre se hace notar.

Estrella Energética número 6

Son personas lógicas y que saben organizarse. Siempre cumplen su palabra, son detallistas y puntuales. Su actitud será pragmática y directa en todo lo que emprendan.

Estrella Energética número 7

Estos individuos enfocan el trabajo que tienen entre manos de manera despreocupada y relajada, y tienen buen ojo y gusto excelente para la moda y el diseño de interiores. Son personas encantadoras y con un gran sentido del humor.

Estrella Energética número 8

Los demás ven tímidos, reservados y retraídos a estos individuos, pero yo diría que son personas fuertes, calladas, que siempre logran sus objetivos a su manera y a su propio ritmo, aunque el camino que tomen sea el más difícil y arriesgado.

Estrella Energética número 9

A los ojos de los demás, son personas impulsivas y a menudo erráticas, pero cuya presencia se hace notar. El 9 de Fuego viste de manera extravagante u ostentosa. Su estilo y forma de vestir son siempre coloristas, ¡y, en muchas ocasiones, lleno de sorpresas!

Completa tu horóscopo

Ahora que ya conoces las tres estrellas principales de tu horóscopo, puedes colocarlas en la línea superior de las tres columnas de la tabla de la página 100. Después, basándote en sus fechas de nacimiento, puedes calcular y anotar los horóscopos de tus amigos, colegas, familiares, o de tu pareja, para ver cómo se relacionan las distintas estrellas de cada uno. Este es un fascinante proceso que te aportará nuevas visiones de tus relaciones con los demás. ¿Por qué era tu hermano pequeño el que, en casa, siempre cortaba el bacalao? ¿Por qué tu colega de trabajo, que siempre es tan creativo e inspirador, nunca llega puntual a las citas?

NOMBRE	PRINCIPAL Número de estrella	CARÁCTER Número de estrella	ENERGÉTICO Número de estrella

Capítulo 5

¿Qué «Casa» ocupas ahora?

La previsión anual

Para el uso creativo del Feng Shui espacial es fundamental conocer todos los puntos fuertes y las debilidades de la casa. En la Cuarta parte trataremos del diagnóstico, la valoración y los cambios que introducir en el hogar. Sin embargo, en este viaje personal es también muy importante que comprendas tu relación con el tiempo. La astrología de las Nueve Estrellas te aportará esta fantástica y gratificante nueva dimensión. Como verás enseguida, todos recorremos un ciclo de nueve años, y saber dónde estamos nos ayudará a planificar ese viaje con mayor eficacia.

Ahora que ya has entendido «quién eres», a continuación aprenderás a calcular «dónde estás». En esta fase siguiente del Ki de las Nueve Estrellas, lo único que deberás tener en cuenta es cuál es tu Estrella Principal. Todos los cálculos de este sistema giran en torno a ciclos de tiempo cuya medida común es el nueve. Por ejemplo, nueve años, nueve meses, nueve días, ¡y posiblemente nueve horas, nueve minutos y nueve segundos! El «mapa» de este movimiento del tiempo es el antiguo aunque elegante modelo conocido como el Cuadrado Mágico de Lo Shu (véase ilustración). Es «mágico» porque en cualquier dirección que sumes los números del cuadrado, ya sea en horizontal, en vertical o en diagonal, el resultado es siempre 15.

A cada casilla de este cuadrado se la llama «Casa», y aunque las estrellas lo recorren siguiendo la pauta que muestra el dibujo de la página siguiente, siempre nos referiremos a los números de cada

Casa según el Cuadrado Mágico tradicional de Lo Shu. Eso significa que sea cual sea la estrella que ocupe la casilla superior intermedia del Cuadrado Mágico en cualquier momento dado, siempre ocupará la Casa 9. Del mismo modo, si el 6 o Estrella de Metal ocupa la casilla intermedia de la izquierda, estará ocupando la Casa 3.

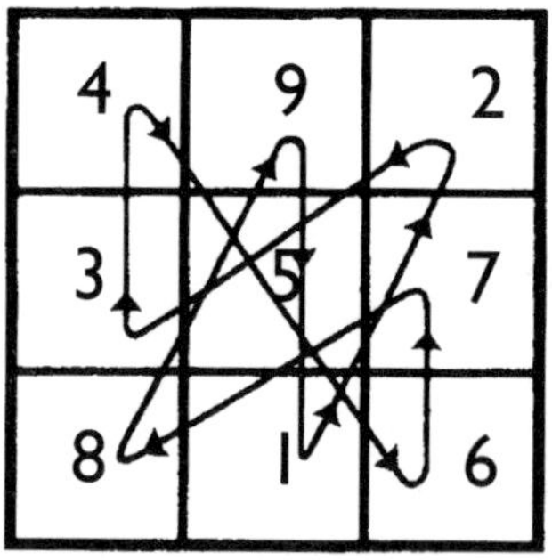

Cómo se mueven las estrellas en el Cuadrado Mágico Lo Shu

Esta visión general de los ciclos de cambio procede de siglos de observación de personas que eran básicamente agricultores. Por lo tanto, la simbología antigua de estas Casas tiene un componente agrícola o estacional. En el siguiente cuadro encontrarás un breve resumen de lo que nos aguarda a nuestro paso por cada una de las Casas.

En este capítulo utilizaremos esta forma de astrología para cubrir un trayecto del viaje por la vida. Si observas qué Casa ocu-

1	Casa de Agua	– Siembra, planificación, conservación.
2	Casa de Suelo	– Quietud, germinación.
3	Casa de Árbol	– Brotar, primavera, inicio.
4	Casa de Árbol	– Crecer, florecer, final de la primavera.
5	Casa de Suelo	– Principio/final, madurez del crecimiento.
6	Casa de Metal	– Cosecha, prosperidad, recolección.
7	Casa de Metal	– Final de la cosecha, celebración, planificación del futuro.
8	Casa de Suelo	– Quietud, calma antes de la tormenta.
9	Casa de Fuego	– Reconocimiento, fama, apertura.

pas en un año concreto, podrás decidir qué actividades o movimientos te conviene emprender en ese año. La Casa ocupada por tu estrella en los distintos años nos da una idea general de lo que, potencialmente, tienes por delante. Es la ruta general y la dirección que será aconsejable que sigas en ese año.

Con los cálculos que aparecen en mi libro *Feng Shui Astrology* podrás saber qué Casa ocupas en un mes determinado. Esta situación tiene un efecto menos poderoso sobre el chi, pero está directamente relacionada con cómo te sientes emocionalmente y cuáles son tus puntos fuertes y debilidades en lo que respecta a la salud y la comunicación con los demás. También hay almanaques muy refinados que te indican qué Casa ocupas en cualquier día de un año determinado. De nuevo, la influencia sobre el chi es menor que el año o el mes, pero resulta muy útil para programar reuniones importantes, viajes de negocios o vacaciones.

Otra analogía para describir estos círculos de nueve fases sería imaginar que nos movemos en órbitas elípticas alrededor del Sol. Cuando más alejados del Sol (Casa 1 de Agua), más en lo profundo del frío invierno estaremos; en las Casas 3 y 4, al acercarnos al Sol, estaríamos en nuestra primavera; al alejarnos del Sol (Casas 6 y 7) aumentaría el frío y el aislamiento, y así sucesivamente.

Cómo puede beneficiarte este conocimiento en tu viaje

Tanto si abordas la filosofía oriental de manera superficial o la estudias a fondo, ya se trate de la salud, artes marciales o Feng Shui, el mensaje siempre es el mismo: «Fluye con la corriente». El Tao es el mundo y el universo cambiantes que ocupamos, y todas esas enseñanzas nos alientan a reflexionar sobre nosotros mismos, a desarrollar la intuición para trabajar con las fuerzas de la Naturaleza en vez de ir en contra de ellas. La astrología de las Nueve Estrellas es profunda y simple, práctica, dinámica y hermosa, porque representa el movimiento de la energía chi con respecto al tiempo. Saber «dónde» estás en el mapa y aprovechar el chi que se mueve contigo en un momento concreto (un año, un mes, un día) te beneficiará grandemente en el viaje.

Siempre he utilizado este sistema para confirmar mis intuiciones. Puede emplearse o bien para aprovechar el flujo del chi en el momento presente, o bien para planificar o prever el rumbo futuro que te gustaría que tuviese el viaje. Funciona de ambas maneras. Si sabes dónde estas en un año concreto, podrás emplear esa información como marco general de lo que tienes por delante. Recuerda que el simbolismo y la interpretación tienen sus raíces en siglos de simple observación de los ciclos de cambio en la vida de las personas, en el paisaje y en las estaciones climáticas. Tanto si vivimos en el siglo XXI o en una sociedad medieval, los principios son los mismos. Hace miles de años que los gobernantes, los estrategas y los militares utilizaban sabiamente este conocimiento, y ahora, en nuestro días, los empresarios, los políticos y los relaciones públicas tienen acceso al mismo material y pueden utilizarlo en beneficio propio.

Otra excitante faceta de este sistema es aplicarlo a la gente que te acompaña en tu viaje por la vida, ya sea tu pareja, un colega de trabajo o un familiar.

Por ejemplo, trabajas con alguien cuya Estrella Principal es el 3 de Árbol. La fuerza impulsora de esta persona es la espontaneidad, la creatividad, el entusiasmo y la resistencia. Sin embargo, esta es sólo una parte de la historia. Un año concreto puede ocupar la Casa 1 de Agua y estar menos motivado o más retirado, meditabundo y cauteloso. Y tú puedes pensar que ese compañero se encuentra mal...

Del mismo modo, tú puedes estar ocupando la Casa 7, relacionada con la alegría, la celebración y las diversiones, en cambio, tu pareja puede estar en la Casa 8, que la inclina a la soledad y a ser poco comunicativa. En vez de pensar que algo va mal en la relación, verás que sólo se trata del lugar que esa persona ocupa en el sistema de las nueve Casas.

Cómo calcular qué Casa ocupamos

Primer paso: Recuerda que todos los cálculos de este apartado se basan en tu Estrella Principal (puedes consultar la tabla de la página 82).

Segundo paso: Decide qué año quieres buscar. Recuerda que el año siempre va del 4 de febrero al 3 de febrero del año siguiente. Para una rápida referencia del número principal de estos años recientes y de los futuros, consulta la tabla de la página 82.

Tercer paso: Ahora tendrás que buscar en las tablas siguientes el Cuadrado Mágico de Lo Shu que represente a ese año en concreto. Es el cuadrado con el número del año en el centro.

8	4	6
7	9	2
3	5	1

7	3	5
6	8	1
2	4	9

6	2	4
5	7	9
1	3	8

5	1	3
4	6	8
9	2	7

4	9	2
3	5	7
8	1	6

3	8	1
2	4	6
7	9	5

2	7	9
1	3	5
6	8	4

1	6	8
9	2	4
5	7	3

9	5	7
8	1	3
4	6	2

Si, por ejemplo, buscas un año 9 de Fuego, encuentra el Cuadrado Mágico que tenga el 9 en el centro. Luego, mira qué posición ocupa tu estrella dentro de ese cuadrado. Entonces, mira qué Casa ocupa tu estrella en dicho año, según el Cuadrado Mágico de Lo Shu.

Tomando el ejemplo del año 2000, que es un año 9 de Fuego, busca cuál de esos cuadrados es el que le corresponde. Al tener el 9 en el centro, es el cuadrado de arriba del todo a la izquierda. El paso siguiente es ver dónde se encuentra tu estrella en este cuadrado. Si, por ejemplo, eres un 5 de Suelo, en un año 9 de Fuego estarás ocupando la Casa 1 de Agua. Luego sigue adelante y verás qué aguarda a cada una de las estrellas cuando ocupan la casa 1 de Agua. Es muy fácil. Si no lo has comprendido, lee de nuevo este capítulo y practica un par de veces hasta que lo domines. Es un cálculo muy sencillo. ¡Asegúrate de que has comprendido estos cálculos iniciales antes de seguir adelante, ya que los que vengan a continuación se basan en tu comprensión de éstos!

Llegado a este punto, te aconsejo que mires un año concreto de la vida en el que te ocurriera algo maravilloso o espectacular. Con los cálculos anteriores sabrás qué Casa ocupabas ese año en cuestión. Luego, lee el apartado siguiente y mira qué te aguardaba ese año y busca las coincidencias.

Consejos para los tránsitos por las nueve Casas

La Casa 1 de Agua

INTERPRETACIÓN

Como la Casa 1 ocupa el norte del Cuadrado Mágico de Lo Shu, esta Casa representa el invierno, el frío, y un tiempo para la quietud y la regeneración. Este año, tu energía y tu vitalidad pueden estar algo bajas. Aunque te sientas muy vivo, esto tal vez no aflore a la superficie. Del mismo modo, si miramos un paisaje invernal, quizá lleguemos a la conclusión de que no tiene vida, pero, bajo la superficie, están enterrados los bulbos y las semillas, en estado latente pero esencialmente vivos.

RECOMENDACIONES PARA TU ESTILO DE VIDA

Como este es tu período invernal y tu energía está más baja de lo habitual, tiendes, por naturaleza, a ser cauteloso. Es lo mejor que puedes hacer, ya que te hallas en un momento vulnerable. Cuidado con los nuevos proyectos que inicies, ya que podrían costarte mucho dinero y energía chi. Es muy buen momento para reflexionar, estudiar y planificar el futuro. En mis años de experiencia, he visto muchas mujeres embarazadas precisamente en esta Casa.

RECOMENDACIONES PARA LA SALUD

En la medicina china, el elemento Agua está relacionado con la función de los riñones, de la vejiga urinaria y del aparato reproductor. Cuando ocupes esta Casa, es posible que salga a la superficie en forma de síntomas cualquier debilidad que tengas en estos órganos. La energía de los riñones es especialmente vulnerable al frío, y sería aconsejable no coger resfriados, mantener los pies calientes y proteger la zona lumbar de las corrientes de aire. La energía del Agua también se carga durmiendo, por lo que es importante que en esas épocas duermas suficiente.

Los problemas viejos y sin resolver relativos a la salud tienden a presentarse de nuevo mientras ocupas esta Casa, y también tardan más tiempo de lo normal en curarse. Esto se debe a que la energía de la Casa 1 de Agua es lenta y tiende a estancarse. Si tienes tendencia a la obesidad, a aislarte o a los estados depresivos, es aconsejable que este año te esfuerces más en hacer ejercicio con regularidad y que evites comer demasiado.

Recomendaciones Feng Shui

Como el chi predominante que te afecta este año procede del norte y está representado por el elemento Agua, coloca en tu casa algo que te recuerde la quietud y las cualidades reflectantes que la Casa de Agua lleva consigo. Podrías instalar una estructura de agua quieta, una imagen, una pintura, una fotografía de agua o de un paisaje invernal, una imagen que refleje tu camino o tu viaje por la vida.

La Casa 2 de Suelo

INTERPRETACIÓN

Cuando ocupes la Casa 2, será importante que recuerdes que el año anterior estabas en la Casa 1, que fue un año más bien inactivo. En la Casa 2, la energía empieza a recuperarse y, aunque todavía notarás los efectos del invierno, empezarás a ver la luz al final del túnel. No es una Casa con cambios espectaculares ni altibajos. Como en la Casa 1, tenderás a estar inusualmente tranquilo y callado y actuarás de una forma cauta, conservadora e incluso pesimista.

RECOMENDACIONES PARA EL ESTILO DE VIDA

El año próximo ocuparás la Casa 3, que representa la primavera. Mientras estés en la Casa 2, será aconsejable que empieces a prepararte para utilizar la energía y el entusiasmo venideros. Tal vez las ideas y los planes de los que te hayas ocupado en la Casa 1 comiencen a tomar forma. Es un momento excelente para explorar posibilidades con nuevos asociados, informarse sobre préstamos y cursos académicos, y empezar a planificar el mapa de alguna empresa nueva a la que te gustaría dedicarte.

Si tienes hijos u ocupas un puesto de autoridad en el trabajo, es una época en la que es mejor escuchar que desempeñar un papel de mando. Esto no tiene que reducir tu implicación en la toma de decisiones importantes, pero dedica más tiempo a escuchar a los que te rodean.

RECOMENDACIONES PARA LA SALUD

La energía del Suelo o de la Tierra en la medicina china está relacionada con la función del bazo, el páncreas y el estómago. Estos tres órganos son más vulnerables a los hidratos de carbono refinados, sobre todo los pasteles, el pan blanco, los bizcochos y, por supuesto, el azúcar. Sé moderado en su consumo y haz mucho ejercicio, ya que la Casa 2 lleva al estancamiento en todos los niveles.

Recomendaciones Feng Shui

En el sector sudoeste de una habitación o de la casa debes activar el chi, que comienza a elevarse cuando ocupas la Casa 2, con un elemento suave de fuego. Recomiendo encarecidamente que se potencie este sector con una luz indirecta enfocada hacia el techo. Como esta Casa también representa un chi relativamente estancado (el despertar del invierno), los remedios tienen que ser suaves y no ardientes. El elemento Suelo/Tierra de ese sector puede activarse con un cristal, por ejemplo.

La Casa 3 de Árbol

INTERPRETACIÓN

Aquí el estancamiento relativo de los dos años previos (Casa 1 y Casa 2) remite, y empezarás a notar en tu vida el efecto de esta recién hallada energía del Árbol. La Casa 3 representa el amanecer, la primavera, los brotes nuevos, la iniciación y la reinvención. Es una Casa muy inspiradora. Los planes y los sueños de los dos años pasados empiezan a crecer y a florecer y prosperará todo lo que hayas iniciado. Eso significa que se pondrán en marcha todas las nuevas empresas cuidadosamente planeadas, aunque las cuestiones relativas a la salud, los sentimientos o el dinero que hayan quedado sin resolver podrían escapar a tu control.

RECOMENDACIONES PARA EL ESTILO DE VIDA

Con toda la fuerza de la primavera que apoya tu chi, todo lo que inicies este año avanzará a considerable velocidad. Por lo tanto, es esencial que tengas claro adónde quieres ir y qué quieres hacer en la vida. Es probable que todo lo que inicies este año tenga efectos a largo plazo.

Intenta evitar situaciones o personas que te frenen con su falta de entusiasmo o pesimismo. Es importante aprovechar el impulso y asegurarse de que todo va en una dirección positiva, que te favorecerá a ti y a todos los que te rodean.

RECOMENDACIONES PARA LA SALUD

En la medicina china, el funcionamiento del hígado y la vesícula biliar se apoyan en la energía del Árbol o de la Madera. Ambos órganos pueden hacernos flexibles, adaptables y alegres. Es importante que este año hagas abundante ejercicio físico, y es esencial que te levantes temprano para recibir la energía del amanecer. Evita cenar tarde por la noche para que el hígado y la vesícula no se estanquen. Intenta reducir los alimentos que el hígado y la vesícula tengan mucho trabajo en asimilar, como las grasas, el aceite crudo y los lácteos muy cocidos. Añade un punto de acidez a tus comidas con cebollas nuevas, vinagre de buena calidad, zumo de limón o encurtidos.

Recomendaciones Feng Shui

En el sector este de tu casa, caracterizado por el elemento Árbol/Madera, el chi se carga con más fuerza. Activa este sector con una luz indirecta enfocada hacia el techo, una planta sana y vibrante o una fuente de agua. Una imagen o un recordatorio de lo que intentas iniciar en el momento presente también será muy beneficioso.

La Casa 4 de Árbol

INTERPRETACIÓN

Este año ocupas una Casa que se apoya en el impulso y el crecimiento del año anterior. El crecimiento y la actividad avanzan hacia delante, no hay quien te detenga. Si todo va bien, te sentirás muy optimista y casi abrumado por el placer y el éxito que te proporcionará lo que estás haciendo. Sin embargo, si no estás muy centrado, es posible que te sientas desconcertado, inquieto e incapaz de controlarte.

RECOMENDACIONES PARA EL ESTILO DE VIDA

Como ahora sientes todo el impulso de lo que has planeado, construido y desarrollado, no es aconsejable que este año cambies de rumbo de manera drástica. Cambia de trabajo, pero no cambies de ámbito profesional. Es como si un agricultor que ha plantado calabazas, las ha cuidado y las ha fertilizado, decidiera, justo antes de la cosecha, dedicarse a cultivar nabos. Procura tener claro el objetivo.

A menudo te dejarás llevar por ese entusiasmo recién descubierto, pero es aconsejable que no asumas demasiados compromisos porque, posiblemente, cuando tu energía empiece a descender el año próximo, no puedas cumplir con la palabra dada. Se trata de un año muy excitante, y si en tu camino se cruzan abundantes oportunidades de éxito, permanece centrado hasta que esa hiperactividad empiece a remitir el año próximo. En esas fases, es muy fácil dar un traspié.

RECOMENDACIONES PARA LA SALUD

Como la Casa 3, la 4 también rige el funcionamiento del hígado y de la vesícula biliar. Además de las recomendaciones para la Casa 3, recuerda que no debes extenuarte. Vuelve al capítulo 2 y mira el trigrama Sun, que corresponde a la Casa 4. La línea inferior está partida y las dos de encima enteras. El punto débil de esta constitución astrológica es que, cuando estás en esta Casa, necesitas combustible, alimento y apoyo, ya que careces de una base yang.

Sé prudente con las actividades impetuosas que conlleven riesgo de accidentes. Podrías hacerte daño a ti mismo y también a los demás si mientras ocupas esta Casa no permaneces absolutamente centrado.

Recomendaciones Feng Shui

Este año, el chi se activará en el sector sudeste de tu casa, y como la Casa 4, desde un punto de vista astrológico, representa movimiento sin estabilidad, no será necesario que potencies la carga. Pon una estructura de agua con movimiento suave, o prueba con una lámpara enfocada hacia al techo y que no sea demasiado brillante. Utiliza cualquier simbología que te mantenga en el camino de tu viaje actual. El paso por esta Casa es una fase muy favorable para el movimiento y el crecimiento.

La Casa 5 de Suelo

INTERPRETACIÓN

En potencia, esta es la Casa más poderosa de todas y representa el inicio y el final de un ciclo. Recuerda que todos hemos nacido en esta Casa, y volvemos a ella cada nueve años. Los cambios más cruciales de la vida suelen darse cuando tenemos 9, 18, 27, 36, 45, 54, 63, 72, 81, 90, 99, etc.

Todo lo que crees o inicies en tu paso por esta Casa tendrá consecuencias a largo plazo (sus efectos podrían durar hasta nueve años). Por eso, es de vital importancia que pongas todo el sentido común en cualquier empresa que inicies este año.

Pueden resolverse viejas pautas de conducta, viejas relaciones e incluso viejos problemas de salud. De hecho, es esencial afrontar las cuestiones de máxima importancia. Si no lo haces, pueden quedar sin resolver durante los nueve años siguientes.

RECOMENDACIONES PARA EL ESTILO DE VIDA

Sé muy consciente de la naturaleza destructora o de descomposición que conlleva la Casa 5, junto con la posibilidad de dar a luz un futuro absolutamente nuevo. Como este año ocupas la Casa central, es aconsejable que te quedes quieto (evita los cambios o traslados importantes). En esta Casa recibes toda la fuerza de tu estrella natal (tu Número Principal), por lo que es aconsejable que te centres en las cosas que benefician a tu naturaleza. Si te mantienes quieto, tendrás más potencial para hacerlo.

RECOMENDACIONES PARA LA SALUD

En la medicina china, el centro siempre está relacionado con el elemento Suelo o Tierra, que rige la función del bazo, del páncreas y del estómago. Además de los consejos que he dado para la Casa 2 de Suelo (que también gobierna la función de estos órganos), hay otros pasos importantes que dar.

Sería aconsejable empezar un programa de limpieza profunda. En el Feng Shui esto significa una limpieza a fondo, o hacer nuevo espacio en el hogar.

En cuanto a la salud, tendrás que prestar más atención al sistema linfático. Una manera muy sencilla de estimular el sistema linfático, que es perezoso por naturaleza, consiste en frotarse vigorosamente la piel con una toalla húmeda y caliente, por la mañana y por la noche. Escurre el exceso de agua de la toalla y presta especial atención a las zonas periféricas de tu cuerpo: los pies y los tobillos, sobre todo los dedos de los pies y los espacios entre éstos, las muñecas, las manos, los dedos y los espacios entre éstos.

Recomendaciones Feng Shui

Cuando ocupas el centro del sistema (cada nueve años), necesitas integrar elementos de estabilidad a tu vida. Como te hallas en el centro, deberás prestar especial atención al centro de tu hogar. No acumules objetos inútiles en esta zona, y si viajas demasiado o te sientes atraído por distintas opciones, pon un elemento de estabilidad en el espacio principal de tu hogar. Busca, por ejemplo, alguna estatua u objeto de cerámica que para ti represente la estabilidad y sitúala en el centro de tu sala principal o, si es posible, en el centro de la casa. También serán favorables los colores amarillos y dorados en el centro de la estancia.

La Casa 6 de Metal

INTERPRETACIÓN

Aquí notarás toda la fuerza del Cielo representada por el trigrama Ch'ien, que está formado por tres líneas enteras yang. Es una Casa muy poderosa, en la que empezarán a dar fruto todas las actividades en las que te hayas ocupado. Esta Casa representa la cosecha y cualquier tipo de recolección. Si lo que has emprendido ha sido positivo, cosecharás las recompensas. Si te has dedicado a actividades negativas, también deberás afrontar sus resultados.

En la Casa 6 se hace sentir de pleno la autoridad del Padre. La gente te tendrá en cuenta, te pedirá consejo y te verá como una figura de autoridad, y, al mismo tiempo, tenderás a estar en lo cierto casi siempre. Esta claridad mental aunada con un fuerte sentido de la justicia deberá moderarse un poco, porque los demás podrían encontrarte insoportable o incluso déspota. A veces tendrás poca paciencia con los que te rodean, ya que te parecerá que se debaten en la oscuridad. Recuerda que probablemente ocupan una Casa distinta a la tuya.

RECOMENDACIONES PARA EL ESTILO DE VIDA

Sigue concentrado en el objetivo en el que llevas trabajando estos últimos años. A tu paso por la Casa 6 recogerás los beneficios, ya sea en forma de dinero, fama o responsabilidades. Ten el suficiente buen juicio para aceptar las oportunidades que se te presenten para mejorar tu perfil o para ocupar nuevos puestos de autoridad. Recuerda que los que te rodean tal vez no vivan un año tan gratificante, por lo que procura no suscitar celos, envidia o resentimiento. Evita también la arrogancia.

RECOMENDACIONES PARA LA SALUD

El elemento Metal en la medicina china está relacionado con el funcionamiento de los pulmones y del intestino grueso. Ambos órganos recogen y absorben, y al mismo tiempo eliminan. Mantente activo y sé moderado en la comida y en la vida en general. Los excesos en este año pueden provocar problemas innecesarios durante los dos o tres años siguientes.

Recuerda que se trata de una fase yang del ciclo en la que, en lo que respecta a la salud, los problemas existentes tienden a solidificarse, calcificarse o estancarse. Sin embargo, tu salud y tu chi serán positivos y vibrantes.

Recomendaciones Feng Shui

Tu chi se carga desde el noroeste y el elemento es el Metal. Como esta casa significa prosperidad e inicio de la cosecha, te recomendaría que pusieras tres monedas tradicionales chinas atadas con una cinta roja en el sector noroeste de la casa o de la habitación principal. Evita activar esta zona con Fuego (el Fuego funde el Metal). Bastará una iluminación suave y sutil.

La Casa 7 de Metal

INTERPRETACIÓN

Esta Casa representa la segunda fase de la cosecha. En la Casa 6 recogemos lo que hemos sembrado, y ahora, en la 7, añadimos dos aspectos más a esta tarea de recolección. Primero, después de haber almacenado lo cosechado, los agricultores se reunían para celebrarlo, por lo que esta Casa está asociada con el regocijo. Es un buen momento para divertirse, ser irresponsable y soltarse el pelo. La segunda y última fase en el proceso de la cosecha es un momento de tranquilidad para reflexionar en lo que quieres hacer de cara al futuro. Los campesinos tomaban nota mental de lo que, al año siguiente, harían de manera distinta. Es posible que durante la segunda mitad del año en que ocupes la Casa 7 de Metal quieras tomarte un respiro y tiendas a la introspección.

RECOMENDACIONES PARA EL ESTILO DE VIDA

Durante la primera parte del año, mientras tu energía tenga un ánimo de celebración, recuerda que todo lo que emprendas, en lo que respecta al trabajo, los nuevos proyectos, o incluso las relaciones nuevas, tal vez sea de naturaleza superficial. Las ideas, los planes y las relaciones iniciadas durante esta fase pueden resultar de corta duración. Ten esto en mente cuando se te presenten nuevas propuestas.

A todo el mundo le sienta bien divertirse y soltarse la melena. Puede ser un buen momento para realizar esas vacaciones tanto tiempo soñadas. Sin embargo, al final de esta fase, tómate un respiro para prepararte para la siguiente, la Casa 8 de Suelo.

RECOMENDACIONES PARA LA SALUD

Como en la Casa 6 de Metal, los órganos que hay que tener en cuenta son los pulmones y el intestino grueso. Estar relajado y ser más autoindulgente de lo habitual puede causar más problemas con el colon. En este año concreto, esfuérzate en masticar muy bien los alimentos. Acuéstate dos horas después de cenar, como mínimo. Son aconsejables los ejercicios que estimulen el abdomen y los pulmones, como el remo, la bicicleta, las flexiones abdominales y las sesiones de gimnasia.

Recomendaciones Feng Shui

Este año tu chi se carga desde el oeste, proporcionándote una sensación de relax, frivolidad y celebración. Pon el sector oeste de tu sala o de tu casa lo más relajante, cómodo y acogedor que puedas. Los cristales de cuarzo emplomado en una ventana que dé al oeste activarán esta carga.

La Casa 8 de Suelo

INTERPRETACIÓN

El simbolismo del *I Ching* para esta Casa es la Montaña. Es la imagen de la quietud, la fortaleza y la duración. A veces, al ocupar esta Casa, esta quietud puede parecerte enervante. Hueles que hay algo en el aire: es la Casa 9 de Fuego que vendrá el año próximo. Es como la calma antes de la tormenta en los trópicos. Es un momento desconcertante.

En China, la imagen de la Montaña tiene la simbología añadida de la cueva que hay en su interior. En el paso por esta Casa, tendemos a pasar más tiempo en nuestra «cueva», más incomunicados tanto en lo referente a oír como a que nos oigan.

RECOMENDACIONES PARA EL ESTILO DE VIDA

Tendrás que esforzarte más de lo habitual para que las comunicaciones sean extremadamente claras y prestar más atención a todo lo que se diga. Lee la letra pequeña con atención y asegúrate de expresar con claridad tus necesidades y tus deseos. Al mismo tiempo, si crees que eres una persona que sabe escuchar, este año no escatimes ningún esfuerzo para seguir siéndolo. Desde la «cueva» es mucho más difícil oír y que nos oigan.

Pese al aire de revolución y de cambio que notas en el ambiente, procura no iniciar movimientos importantes mientras ocupes esta Casa. Debido a la reducción de tu capacidad de comunicación, sería muy fácil cometer errores que más tarde lamentarías.

RECOMENDACIONES PARA LA SALUD

Como ocupas una de las Casas donde se da un mayor estancamiento y el elemento Suelo rige el funcionamiento del bazo, el páncreas y el estómago, no cometas excesos. Durante esta fase es muy fácil echar a perder la salud. Si tienes tendencia a aumentar de peso con facilidad, haz más ejercicio de lo normal, o reduce el consumo de los alimentos que sabes que son los que más problemas te causan.

El simbolismo de la Montaña es pesado y estoico. Evita los alimentos que tengan este tipo de energía chi: bollería, patatas, pasteles, comida recalentada, etcétera. Aligera tu dieta e incorpórale frescura, variedad y color en abundancia.

Recomendaciones Feng Shui

Como este año el chi es más potente en el sector nordeste y ocupas la casa de la Montaña, tendrás que introducir un elemento de estabilidad y vacío para poder reflexionar sobre tu vida de una forma más profunda y completa. Un jarro vacío, un joyero vacío, un bol de cristal de cuarzo emplomado colocado en este sector fortalecerán tu capacidad de estudio y de reflexión.

La Casa 9 de Fuego

INTERPRETACIÓN

Cuando ocupamos la Casa 9, nuestra energía se hace notar mucho más que en las otras ocho. En el Feng Shui, este sector meridional se relaciona con la fama y el reconocimiento. En astrología, es obtener el reconocimiento por lo que uno ha estado haciendo. Si has impulsado con fuerza un nuevo proyecto, has buscado reconocimiento en el trabajo o tienes algún oscuro secreto que no quieres que sea descubierto, en esta fase todo ello tendrá potencial para salir a la superficie.

La Casa de Fuego también está relacionada con la eliminación, el brillo y la claridad. Te sentirás especialmente activo, inspirado, abierto, sociable e incluso independiente. Es un año muy poderoso, pero recuerda que cambiará rápidamente a la energía más tranquila y cautelosa de la Casa 1 de Agua que vendrá a continuación.

RECOMENDACIONES PARA EL ESTILO DE VIDA

Utiliza poderosamente este año para hacerte publicidad y promocionarte. Si piensas en cambiar de trabajo, este es el año en que se fijarán en ti. ¡Tu currículum estará encima de todo en la pila del escritorio de un posible nuevo jefe, o la devolución de Hacienda en el escritorio del inspector! Aunque te sientas muy lleno de energía, tu chi tiene una naturaleza más difusora que de consolidación. Este año, lo más importante es mantenerse centrado y evitar precipitarse o emprender acciones impetuosas. En resumen, ten cuidado de no extenuarte.

RECOMENDACIONES PARA LA SALUD

En la medicina china, el elemento Fuego rige el funcionamiento del corazón y del intestino delgado. En esta fase, un buen apoyo para el corazón es introducir un sentido de «ritmo» a la vida. La tendencia, en esta Casa, es la de ir corriendo de una cita a otra y de emprender una docena de proyectos nuevos a la vez. Sin embargo, esta utilización errática de tu energía y de tu tiempo puede acabar por perjudicarte el corazón. Incorpora, por tanto, un sentido de ritmo y de disciplina a tu vida.

El elemento Fuego puede conllevar sorpresas. Evita sobre todo los riesgos de quemaduras, escaldaduras o descargas eléctricas. Recuerda que el fuego necesita combustible, y para todos nosotros eso significa cuidar la dieta y añadir disciplina y ritmo a las horas de las comidas. No comas deprisa y corriendo, y aliméntate a intervalos regulares con productos sanos e integrales.

Recomendaciones Feng Shui

Tu chi está activado desde el sur y con el Fuego de los rayos del sol. Este año, potencia este sector con velas, luces indirectas o colores que tengan los tonos del fuego: púrpuras, burdeos, rojos, rosas y hasta naranjas. Coloca certificados o diplomas en este sector de tu entorno laboral como recordatorio de tu éxito sostenido.

Capítulo 6

La ciencia de las direcciones

Basándonos en la intuición, todos hemos tenido viajes estupendos en la vida, cortos y largos, unos viajes que, vistos en retrospectiva, nos han parecido fáciles, tanto si han sido una corta visita de fin de semana a un viejo amigo, unas vacaciones en el extranjero o un movimiento importante, como un cambio de trabajo, de casa o de país. Sin ningún esfuerzo por nuestra parte, esos viajes nos han beneficiado enormemente. En cambio, todos recordamos viajes que resultaron un fracaso y que más tarde lamentamos. Fueron como nadar contra corriente, tuvimos que afrontar muchos pequeños detalles irritantes, grandes obstáculos, accidentes, enfermedades, o incluso quedarnos sin trabajo. Si practicas el sistema que expondré en este capítulo, podrás programar mejor los cambios importantes de tu vida, como cambiar de casa o de país de residencia, fluyendo con el Tao en vez de avanzar contra él. Cuando domines este sistema, pasa revista a los acontecimientos importantes de tu vida y comprueba las coincidencias. Con las corrientes y los vientos a favor, el viaje es más fácil y placentero.

Un cambio importante en tu vida puede tener un poderoso efecto sobre tu chi, tu suerte y tu salud durante un período de entre uno y sesenta años.

En China, donde todavía se practica la astrología de las Nueve Estrellas, se utiliza sobre todo en combinación con el Feng Shui espacial. El objetivo fundamental es calcular qué Casa ocuparás un mes, año o día determinado y aplicar remedios Feng Shui a fin de conseguir los mejores resultados. En Japón, donde la astrología de las Nueve Estrellas es muy popular, la ciencia de las direcciones desempeña un papel aún mayor ya que estudia cuáles son los rumbos favorables que tomar en un momento concreto, por ejemplo al cambiar de trabajo, tener una entrevista, salir de vacaciones o trasladarse a otra casa.

En este capítulo te enseñaré cómo evitar ciertas direcciones en un año dado. Un cambio importante en la vida tiene un poderoso efecto sobre tu chi, tu fortuna y tu salud, por un período que puede durar entre uno y sesenta años. Tanto si se trata de un recorrido de 100 metros, 100 kilómetros o 1000 kilómetros, el efecto es el mismo: tú y tu chi os habéis movido en una dirección determinada. Los viajes que hagas en un mes concreto tienen un efecto menos duradero, pero, aun así, podrían causar alteraciones que pueden prolongarse entre un mes y sesenta. Estos cálculos se explican en mi libro anterior, *Feng Shui Astrology*. También es posible utilizar la astrología de las Nueve Estrellas para determinar los momentos más favorables para un viaje corto, unas vacaciones, y los viajes de negocios que tengan una duración inferior a los dos meses. En este caso, el cálculo debe hacerse para un día en cuestión. Y aquí, de nuevo, los efectos a posteriori de un movimiento desfavorable sólo duran sesenta días. Eso podría significar quedarse desorientado, aislado, falto de resistencia o simplemente agotado. Para los detalles de estos cálculos más complejos, véase *Yearly Almanac*, de J. Higa, que aparece en el apartado de recursos al final del libro.

Cómo utilizar este sistema

PASO 1

Primero, debes mirar qué estrella ocupa la casilla central del Cuadrado Mágico de Lo Shu. (Para una rápida referencia, mira la ilustración de la página 105.) Recuerda que el año en cuestión siempre empieza el 4 de febrero y termina el 3 de febrero del año siguiente. En este ejemplo, he elegido el 9 de Fuego, que también sirve para el año 2000.

PASO 2

Ahora localiza dónde se encuentra tu Estrella Principal en este año concreto. Con el ejemplo de un año 9 de Fuego, consulta la ilustración de esta misma página para encontrar tu estrella.

PASO 3

Cuando mires estos dos cuadrados, fíjate en las direcciones implicadas. Estas son los puntos cardinales de norte, sur, este y oeste, junto con los puntos «intercardinales» de nordeste, noroeste, sudeste y sudoeste. Los chinos dividen estos espacios en cuadrantes iguales de 45 grados, como en esta ilustración, mientras que los japoneses prefieren estrechar el alcance de las direcciones cardinales a 30 grados y ampliar las intercardinales a 60. El pensamiento que subyace en esta diferencia es que hay una carga más poderosa y concentrada (yang) en las direcciones cardinales.

PASO 4

En ese sistema, cuando me refiero a las direcciones, es importante tener en cuenta que todas pasan por el centro. Por ejemplo, si tu Estrella Principal es la 4 y digo que este año es aconsejable evitar los movimientos hacia el oeste, deberás trazar una línea de este a oeste en el Cuadrado Mágico que pase por el centro.

	SE	S	SO	
	8	4	6	
E	7	9	2	O
	3	5	1	
	NE	E	NO	

Cuadrado Mágico del año «9»
4 febrero 2000 - 3 febrero 2001

	SE	S	SO	
	8 $_{4}$	4 $_{9}$	6 $_{2}$	
E	7 $_{3}$	9 $_{5}$	2 $_{7}$	O
	3 $_{8}$	5 $_{1}$	1 $_{6}$	
	NE	E	NO	

Superposición del año «9» en el Cuadrado Mágico de Lo Shu

Direcciones que conviene evitar

Para que puedas practicar este sistema mientras lo explico, supondremos que el año que queremos valorar es un 9 de Fuego, y que la estrella en cuestión es la 3 de Árbol.

Hacia tu estrella

Si miras la ilustración anterior, verás que, en un año 9, la estrella 3 de Árbol ocupa el sector nordeste. Esto significa que, en este ejemplo concreto, un movimiento hacia el nordeste es un movimiento hacia tu propia estrella.

La razón para evitar esta dirección es que significaría un movimiento hacia ti mismo, y esto te aislaría y te incomunicaría de los que te rodean. Si, siguiendo la lógica o la intuición, has planeado moverte en esa dirección, tal vez porque crees que tus posibilidades de reconocimiento pueden aumentar, mejorar a nivel profesional o salir del aislamiento, cometerías un gran error. Si quieres permanecer activo, sociable y abierto debes evitar moverte hacia ti mismo.

Alejarte de tu estrella

Siguiendo con el ejemplo de la estrella 3 de Árbol en un año 9 de Fuego, tenderías a moverte hacia el sudoeste.

El simbolismo aquí es alejarte de ti mismo, de tu intuición y de tu Estrella Natal. El resultado más probable es que pierdas el rumbo y el objetivo de tu vida. Es posible que tiendas a la abulia y dejes perder buenas oportunidades. Si quieres seguir centrado y tener la mente clara, no es aconsejable tomar esta dirección.

Hacia la estrella 5 Amarilla

Todas las estrellas principales deben ser muy precavidas al moverse hacia la Estrella 5 Amarilla. En un año 9 de Fuego, esta estrella ocupa la Casa 1 que está en el norte.

La Estrella 5 Amarilla está asociada con el peligro. Un movimiento hacia esta estrella es un avance hacia lo que yo llamo «peligro evidente». Puede tratarse de un movimiento o situación cuyos inconvenientes ya los conocemos. Por ejemplo, un inspector te avisó de que las vigas del techo estaban podridas, pero no las cambiaste. Otro ejemplo es cambiarse de casa, cuando eso implica también cambiar de trabajo, y ya de antemano sabemos que eso nos impedirá mejorar en nuestra carrera, o que eso significará perder clientes. La Estrella 5 Amarilla representa los peligros visibles, no los ocultos, que podemos encontrarnos por delante.

Alejarse de la Estrella 5 Amarilla

En el ejemplo concreto de un año 9 de Fuego, en que la Estrella 5 Amarilla ocupa el norte, indica un movimiento hacia el sur. Aquí, el peligro que simboliza la Estrella 5 Amarilla ya no está delante sino detrás de nosotros. De todas las direcciones, esta es, potencialmente, la más peligrosa. En todas las demás direcciones, siempre estarás avisado de antemano del peligro. ¡Pero en este caso tendrías que ser un samurai y tener ojos detrás de la cabeza para salir adelante! Los peligros inesperados pueden ser accidentes, pérdidas en los negocios, desmejora repentina de la salud, ruptura de una relación o sufrir robos o violencia.

La Estrella 5 Amarilla en el centro

Los años con la Estrella 5 Amarilla en el centro son, para todos, años de cambios importantes, reinvenciones, nuevos comienzos y finales de viejas conductas. Cuando la Estrella 5 Amarilla está en el centro, todos estamos en nuestra propia y única Casa. En esos tiempos, lo más sabio es quedarse quieto y beneficiarse del cambio que todos recibimos de manera única por estar en nuestra propia Casa.

Merece la pena resaltar que la humanidad ha sufrido profundos cambios globales en los años siguientes, que eran todos años 5 Amarillos de Suelo: 1914 (el inicio de la Primera Guerra Mundial), 1941(bombardeo de Pearl Harbour y entrada de Estados Unidos en la Segunda Guerra Mundial), 1950 (invasión del Tíbet por parte de China y la guerra de Corea), 1968 (disturbios estudiantiles en Europa y en Estados Unidos). Más recientemente, en 1995, la resolución del conflicto de Yugoslavia con la firma del acuerdo de Dayton. El próximo año 5 Amarillo de Suelo será el 2004.

Tu estrella en el centro

Cuando tu estrella ocupe el centro del Cuadrado Mágico, será un momento de renacimiento y de romper con pautas de conducta del pasado. Todos ocupamos el centro el año en que nacemos y volvemos al él a los 9, 18, 27, 36, 45, 54, 63, etcétera, años. La sabiduría de la astrología Ki de las Nueve Estrellas sugiere que debemos permanecer centrados y tranquilos en estos años por más que nos distraigan las oportunidades de cambio que nos salgan al paso. Al estar en el centro, permitimos que las oportunidades de cambio graviten hacia nosotros con más fuerza que en ningún otro año. Sin embargo, es aconsejable no moverse y beneficiarse de la carga que recibimos por el hecho de estar en el centro.

Conclusión

En mi opinión, la ciencia de las direcciones desempeña un papel vital en la práctica del Feng Shui. Antes de preocuparte u obsesionarte con los posibles peligros de un movimiento equivocado, pasa revista a tu vida y ve si encuentras una pauta que puedas aplicar para el futuro. He dedicado muchos años a leer y a estudiar las vidas de personajes históricos, y puedo asegurar que la ciencia de las direcciones funciona. Una vez que sepas «quién es la persona» (su Estrella Principal) y «dónde está» (qué Casa ocupa un año concreto), es fácil ver el efecto de la ciencia de las direcciones en cualquier paso que haya dado esa persona, como puede ser un cambio de trabajo o de país de residencia. He llegado a la conclusión de que muchas personas famosas de nuestra época, que no conocen en absoluto este sistema, han dado el paso correcto en la dirección favorable en el momento oportuno. Tú tienes ahora la posibilidad de aprovecharte de este antiguo aunque elegante sistema.

Tercera parte

El Feng Shui y la salud

El Feng Shui interior

Capítulo 7

Los Cinco Elementos y el autodiagnóstico

Para un Feng Shui efectivo, el factor vital, en medio del Cielo y de la Tierra, eres tú. Ahora que sabes quién eres, dónde estás y qué direcciones son aconsejables tomar a lo largo de tu viaje, para seguir progresando en el Feng Shui es fundamental mirar hacia dentro y empezar a profundizar en el Feng Shui interior. Nuestro mundo interior nos revela nuestro estado de salud actual y cuál de los Cinco Elementos tal vez necesite ayuda, por ejemplo mediante el estilo de vida, la actividad y la dieta.

En la Segunda parte hemos dado el primer paso por el viaje del Feng Shui, que consistía en saber quién eres y dónde estás a través de la astrología. Esta información tiene una importancia vital para el éxito de la travesía. En la Cuarta parte examinaremos más a fondo nuestro entorno inmediato, la casa, para ver qué apoyo podemos incorporar en ella para favorecer la salud y el éxito en la vida. Aquí, voy a concentrarme en el aspecto más importante de tu viaje, es decir, tú, y en concreto tu relación con tu entorno inmediato, tu salud y tu relación con los demás.

Como las partes dedicadas a la astrología y al Feng Shui espacial, ésta también se basará en el tema central del pensamiento chino, es decir, la dinámica y las interacciones del yin y el yang y los Cinco Elementos. La perspectiva holista que encontramos en la medicina china tiene su equivalente en la astrología y en la práctica del Feng Shui espacial. Todo está interrelacionado. La mente, el cuerpo y el espíritu no funcionan como entidades separadas. Cada aspecto de nuestra vida está reflejado en alguna otra forma o configuración, ya sea en la salud, en las relaciones o en el hogar; todos estos aspectos están profundamente entrelazados.

La medicina occidental, que se basa principalmente en el pensamiento cartesiano y newtoniano, tiene como objetivo los síntomas. En cambio, la medicina china lleva miles de años estudiando la causa de los síntomas. Desde hace muchos decenios, Occidente se siente atraído por ese enfoque holista. Es también obvio que buena parte del interés contemporáneo por el Feng Shui está impulsado por el deseo de obtener resultados instantáneos, utilizando también un enfoque más basado en los síntomas. Trabajar con la causa del desequilibrio nos exige más tiempo y esfuerzo. Puede revelarnos que la causa se ve reflejada en muchas otras facetas de nuestra vida. Como practicante de Feng Shui y con estudios de medicina china, he visto que lo que para muchos clientes es un «problema», se refleja en muchas otras facetas de su vida. Para ellos, el Feng Shui no es más que una herramienta nueva para arreglar un problema viejo. De repente, su casa tiene la culpa de todos sus problemas, pero, al estudiar cada caso, se ve que a menudo existía un problema previo laboral, de salud, de dieta, de relaciones con los padres o los hijos, o una incapacidad para afrontar la presión. En todas esas situaciones, la culpa suele echarse a factores externos.

Aquí utilizaré el modelo de los Cinco Elementos como telón de fondo ante el que valorar tu estado de salud actual, al tiempo que te enseñaré a fortalecerlo mediante cambios en la dieta, en el estilo de vida y en el ejercicio físico. Si reconocemos en qué tenemos que trabajar en nuestro interior, poseeremos un mayor potencial para dominar nuestra intuición, y unas posibilidades mucho más grandes de hacer realidad nuestros sueños mediante el uso del Feng Shui espacial. Identificar zonas de debilidad a partir de la Diagnosis oriental puede lle-

La perspectiva holista de la medicina china se refleja en la astrología y en nuestra práctica del Feng Shui espacial.

varnos a «reforzar» esa debilidad no sólo mediante la práctica de este Feng Shui interior, sino también con el apoyo adicional del Feng Shui espacial.

¿Qué es la salud?

En mi opinión, la calidad de nuestra salud nos proporciona la base para la comprensión del Feng Shui y para ponerlo en práctica de una manera efectiva. Cuando queremos realizar cambios en nosotros mismos, en nuestra vida y en nuestro entorno, básicamente nos apoyamos en nuestra vitalidad y en nuestra «inspiración». Nuestro juicio y nuestra percepción de lo que creemos que es lo mejor para nosotros están coloreados por nuestro estado actual de salud. Cualquier desequilibrio en nuestro interior se reflejará en nuestra manera de ver el mundo y en nuestras reacciones. A todos los niveles, la calidad de nuestra salud coloreará nuestro aspecto, intuición, sueños, práctica del Feng Shui, relaciones y nuestro viaje.

Todos sabemos que nuestra salud está en constante estado de cambio. Hay días en que tenemos vitalidad y entusiasmo, mientras que otras veces estamos desanimados y nos cuesta ver las oportunidades nuevas que se nos presentan en la vida. Lo que puede deducirse de esto es que la salud es algo dinámico y que, como nuestro entorno, está cambiando constantemente. Con los principios de la medicina china podemos darnos cuenta de que nuestra salud no es más que un reflejo del entorno en el que vivimos. Cuando alineamos nuestro sueño con nuestro estado interior y la expresión externa del Feng Shui, tenemos grandes posibilidades de conseguir el éxito a largo plazo en el uso del Feng Shui espacial.

El entorno

Aquí es donde empieza, esencialmente, la base de nuestra salud. En este contexto, el entorno abarca todos los aspectos que nos rodean y que nos proporcionan sustento. En esos aspectos que nos «alimentan» hay variedades yin y variedades yang. Para empezar, y a un nivel vibratorio yin, entre los factores que nos apoyan o que pueden dificultarnos el viaje se cuentan el Feng Shui, el estrés geopático, el estrés electromagnético, el chi y el clima.

El primer paso que hay que dar es apoyarse en un Feng Shui poderoso y neutralizar a la vez los efectos nocivos de cualquier estrés geopático o electromagnético de nuestro entorno. Se puede trabajar con la calidad de chi existente en nuestro entorno y que necesitemos, o podemos cambiarlo, o podemos mudarnos a una ubicación más adecuada que tenga el tipo de chi que nos convenga. No puedes cambiar el clima y, sin embargo, éste tiene una gran influencia en cómo te sientes. En cambio, puedes empezar a cambiar tu clima interno, lo cual te hará sentirte más cómodo dondequiera que decidas vivir. Por ejemplo, para contrarrestar un clima frío o húmedo, puedes incorporar más elemento Fuego en tu cocina, utilizando una llama más fuerte y friendo a fuego rápido. Con esos platos te sentirás más a gusto que con frutas y verduras crudas y líquidos fríos. Del mismo modo, puedes agregar más Fuego a tu entorno con una iluminación intensa, o utilizando colores brillantes como el rojo, el púrpura, el rosa o el naranja.

La calidad del aire que respiras depende directamente de tu entorno. Como es natural, cuanto más limpio sea el aire, mejor te sentirás. Sin tener que trasladarte a los Alpes suizos, ¿qué puedes hacer para mejorar la calidad del aire que respiras? Haz más ejercicio, duerme con la ventana ligeramente abierta, y alienta a tus compañeros de trabajo a mejorar la ventilación para que entre aire limpio en el entorno laboral.

Mientras que la naturaleza vibratoria del Feng Shui, el clima y el aire hace que sean intangibles y expresen las características yin que absorbemos diariamente, nuestro consumo de agua y de alimentos representan las características más tangibles del yang. Sobre estos dos factores tenemos mucho más control. Dado que nuestro cuerpo está formado por un 60 por ciento de líquidos, es importante darle el agua de mejor calidad que la Naturaleza pueda proporcionarnos. Personalmente, utilizo la mejor no sólo para beber sino también para cocinar y preparar infusiones. Y la mejor es el agua mineral embotellada. No es sólo la química del agua lo que importa sino el chi que nos aporta. No puede compararse el agua del grifo de las zonas metropolitanas con el agua de una fuente.

El otro componente que tomamos diariamente es la comida. También aquí no sólo importa su composición química sino el chi que nos aporta. ¿Es comida fresca? ¿Tiene chi? ¿Nos aporta chi? ¿Qué está cocinado con chi? El factor más importante es que tenemos pleno control sobre lo que comemos y sobre cómo está preparado. En muchos aspectos, no ocurre lo mismo con los otros tres componentes que absorbemos de nuestro entorno: el chi ambiental, el aire y el agua.

La sangre

La calidad de nuestra sangre, tanto en su aspecto bioquímico como en el de su chi, depende, sobre todo, de los factores que acabo de mencionar. En la medicina china, la sangre es considerada la síntesis de nuestro entorno inmediato. Como es natural, la calidad de lo que absorbemos en forma de chi, aire, líquido y comida tiene un efecto directo sobre la sangre. Durante siglos, los poetas y los escritores han resaltado la expresión externa de sus personajes con descripciones de su sangre, como tener sangre fría, tener sangre joven, ser sanguinario o tener sangre aristocrática.

Los órganos

La medicina china afirma que nuestra salud se debe principalmente a la armonía y al funcionamiento de nuestros órganos internos, y reconoce que es el entorno el que crea nuestra sangre y que nuestra sangre crea nuestros órganos internos y los alimenta. Aunque los distintos órganos desempeñan papeles distintos en el cuerpo, son como los músicos de una orquesta, tomados de uno en uno. La expresión total de la orquesta (nuestro cuerpo y nuestra salud) alcanza su punto de máximo esplendor cuando todos los músicos saben lo que están haciendo y lo hacen bien. Sin embargo, sólo con que un instrumento esté desafinado, el efecto general de la orquesta se resentirá de ello. En la medicina china, los cinco instrumentos principales son el corazón, el bazo/páncreas, los pulmones, los riñones y el hígado. Los cinco están relacionados con los Cinco Elementos, y se apoyan, además, en cinco «instrumentos» más pequeños: el intestino delgado, el estómago, el colon, la vejiga urinaria, el aparato reproductor y la vesícula biliar.

La salud

En última instancia, la salud es producto de nuestro entorno. Su estado es un reflejo de la calidad y del funcionamiento de los órganos internos, y de la calidad de la sangre que hemos creado. En este contexto, la salud empieza a adoptar un significado mucho más amplio, ya que en el entorno se incluyen las emociones que experimentamos, el estrés que soportamos y las relaciones que mantenemos. La buena salud, por lo tanto, tiene que abarcar nuestra conciencia, nuestro conocimiento y, lo que es más importante, nuestra capacidad para responder a las dificultades. Como es obvio, no existen las soluciones rápidas.

La evacuación y el proceso de eliminación

La medicina china siempre intenta lograr cambios a un nivel profundo, y en esto difiere de los enfoques más superficiales que se centran en los síntomas. Cualquier cambio de importancia en nuestro estilo de vida, Feng Shui, dieta y hábitos nos causará distintos niveles de incomodidad. Cuanto más violentos y radicales sean los cambios, más probable será que provoquen cierta reacción. Si estás centrado en el viaje de tu vida, podrás superar las incomodidades cuando éstas se presenten. Es muy frecuente que las personas se sientan perturbadas por el nivel de reacción al cambio que sienten, tanto física como mentalmente, y que vuelvan a los viejos rumbos o hábitos de conducta. Si consideramos estas reacciones violentas como parte del proceso de cambio, podremos tolerarlas y comprenderlas mejor, y verlas como reacciones de corta duración.

Los tipos de síntomas que suelen presentarse cuando produces un cambio en tu Feng Shui interior son dolores, cansancio, escalofríos y fiebre. Tus niveles de energía pueden parecer erráticos (a veces te apetece dormir más de lo usual y te apetece menos socializar). Básicamente, tu cuerpo está interiorizando su centro para propiciar cambios profundos. El exceso de equipaje puede salir a la superficie y presentarse en forma de dolores, escalofríos, fiebres, tos e irregularidades intestinales. Como si no fuera poco afrontar estas molestias, también pueden aflorar emociones profundas que llegarán a cambiar tu actitud. Entre ellas se cuentan el miedo, la irritabilidad, la impaciencia, el desánimo, la depresión, la desconfianza y el cinismo.

Siempre he pensado que los procesos de evacuación y de eliminación son excepcionalmente útiles para nuestro viaje, siempre y cuando no desarrollemos apego hacia lo que eliminamos. Al final del día, es un equipaje innecesario del pasado. Mientras realizamos este proceso de eliminación, toda nuestra visión y nuestro mundo se estrechan en un proceso al que yo llamo «síndrome del edredón». Cuando no te sientes bien, con fiebre y tos, por ejemplo, y te metes en la cama un par de días, tal vez notes que tu universo se termina a los pies de la cama. Estás completamente atrapado en tu sufrimiento personal y no te interesa lo que pasa en el mundo fuera de tu habitación. En un sentido más amplio, cuando pasamos por una fase de grandes cambios, nuestra conducta es igualmente autoindulgente. Y es importante que lo sea. Son dos las cuestiones que tener en mente:

1. Recuerda evitar todos los factores que se han acumulado para llevarte a esta eliminación.

2. Sé consciente de que esta es la primera fase en el desarrollo de un nuevo futuro para ti mismo.

Sin lugar a dudas, hay «purgas de Benito» para todas las esferas de la vida, incluidos el Feng Shui y la salud. Esos remedios rápidos tienen resultados casi instantáneos. Los cambios más profundos siempre sacarán a la superficie todo el caos subyacente, pero a la larga, estos cambios serán intensos y su efecto más duradero. Si los cambios están bien pensados, bien realizados y son revisados de vez en cuando, tu viaje por la vida tendrá muchas posibilidades de ser más estable y gratificante.

Consejos para tu bienestar

1. Mira la imagen global

La fascinación que siento por el Feng Shui, la medicina china y las artes curativas derivadas de estas disciplinas se debe a las estrechas interrelaciones que tienen en su visión del mundo. La manera más fácil de valorar estos sistemas es empezar con la perspectiva más amplia posible. Estudiar las distintas ramas del saber con una visión «macroscópica» te dará un mayor conocimiento cuando empieces a trabajar con los remedios «microscópicos». En vez de fijarte y obsesionarte con los detalles, intenta ver esos aspectos dentro del contexto de toda la imagen. Por ejemplo, en astrología es más fácil ver «dónde estás» dentro de un ciclo de cambios más largo. Por lo que respecta a la salud, empieza a fijarte en cómo los desequilibrios leves en tu Feng Shui interior pueden afectar a tu bienestar físico. Si queremos referirnos al Feng Shui espacial, recuerda que cada sector de tu casa, la distribución de tu mesa de trabajo, las cosas innecesarias que se acumulan en el coche y el Feng Shui del entorno laboral, todo ello debe considerarse una parte de los cambios más generales que debes hacer en tu vida. A menudo encuentro personas que son capaces de conseguir efectos brillantes con sus remedios Feng Shui en el hogar y que, sin embargo, no consiguen que esos éxitos se reflejen en otras esferas de su vida.

2. Sé flexible/adaptable

Como vivimos en un mundo cambiante, es importante aprender a ser autosuficientes físicamente y flexibles emocionalmente. Como seres humanos, hemos sobrevivido a miles de años de evolución mientras que otras especies se han extinguido. La razón principal de ello es la fuerza especial que todos tenemos por nuestra propia naturaleza, lo cual nos permite adaptarnos a los cambios violentos en nuestro entorno.

En la actualidad, existe una visión pesimista que prevé un mundo futuro mucho más complicado. Nos encontramos sobre una temible bomba de tiempo en cuanto a desastres medioambientales, crisis económica, caos social y espiritual, enfermedades, sequías y hambrunas. Todos sabemos que la prevención es vital para resolver estos problemas. En lo más profundo de nuestro ser, sabemos que aun cuando hoy en día se den cambios favorables, nos costará muchos decenios recuperar la sensación de equilibrio. La desagradable verdad es que es mucho más probable que la situación global empeore y no que mejore. Para sobrevivir a esta era de progreso humano, necesitamos volvernos flexibles y adaptables.

Para el cuerpo, esto significa hacer ejercicio, no sólo para mantenernos en forma, sino también flexibles y relajados. En cuanto a la mente y el espíritu, es importante desarrollar curiosidad y ganas de saber, sobre todo de conocer las ideas y las perspectivas de los demás. Lo peor que podemos hacer con esta antigua disciplina a la que llamamos Feng Shui es convertirla en un dogma.

3. Demuestra integridad

Se trata de tener una perspectiva yin/yang de la vida. Cuando valoramos todos los fenómenos y los vemos interconectados, resulta mucho más fácil advertir la importancia de resolver problemas en nuestra vida que pueden reflejarse a distintos niveles, entre ellos el de la salud. Por ejemplo, si lo que queremos es riqueza material, no basta con poner «remedios rápidos» en el sector de la riqueza de la casa, de la oficina o del jardín. Lo que deberemos hacer es empezar a estudiar la riqueza en nuestra vida desde una perspectiva más general para ver si hay algún bloqueo o algún asunto pendiente que nos esté obstaculizando. ¿Debemos dinero a alguien, ya sea de ahora o del pasado? Hasta que no intentemos resolver esta cuestión, estaremos inmovilizados. Examina del mismo modo los problemas de salud. ¿Es algún conflicto en el trabajo lo que te produce dolor en las cervicales, por ejemplo?

4. Evita las quejas

Los arranques agudos de quejas son sanos para el organismo. No hay nada malo en descargar la bilis. Sin embargo, las quejas crónicas son una cuestión absolutamente distinta. Conozco a muchas personas que nunca pueden expresarse adecuadamente mientras no airean sus quejas a los cuatro vientos. En cierto modo, eso las anima y las inspira.

El problema de las quejas crónicas está en que, con ellas, evitamos asumir las responsabilidades de muchas esferas de nuestra vida. Sabemos defender muy bien la tesis de que el problema no es nuestro y, al hacerlo, estamos evitando cualquier responsabilidad al respecto. A menos que aceptemos los cambios de nuestra vida y asumamos la responsabilidad de su fracaso o de su éxito, nuestro avance en el viaje estará limitado. He recibido llamadas de personas que querían que les diera remedios Feng Shui para su casa y que, al mismo tiempo, se quejaban del poco éxito que habían tenido otros especialistas a los que habían consultado. Nunca acepto esos trabajos, porque no quiero ser uno más en su lista de quejas y porque veo que esas personas tienen las expectativas muy altas en lo que a «arreglar» su vida se refiere.

5. Da más de lo que recibes

Nuestro entorno es extraordinariamente generoso. En los escasos momentos en que estamos tranquilos y relajados, podemos notar el valioso don de la Naturaleza que nos rodea. Un campesino sabio y tradicional de cualquier rincón del mundo plantará semillas de sobra para que los insectos y los pájaros tengan su «cuota». Un campesino sabio también tomará de las plantas lo que sea necesario y hará todo lo que esté en sus manos para alimentarlas y colmarlas de nuevo.

Dar y recibir son actividades yin/yang relacionadas. El acto de dar a los demás, ya sea en forma de tiempo, espacio, ideas, amor o posesiones materiales, crea el espacio para que recibas algo a cambio. Cuando estamos absolutamente centrados en nosotros mismos y nos olvidamos de «descargar» parte de nuestra energía en el mundo, nos quedamos encallados. En nuestra vida no hay espacio para la inspiración o la creatividad, y esto puede derivar en enfermedades tenaces o fatiga debilitante. La acción de dar crea espacio para nuevas oportunidades a fin de que entren posibilidades nuevas en nuestra vida.

Los Cinco Elementos

Como he explicado antes, el sistema de los Cinco Elementos es la columna vertebral de la filosofía oriental, incluidos el Feng Shui y la astrología de las Nueve Estrellas. Se dan las mismas interacciones, y en este apartado me centraré en su importancia para la salud y en los cambios en los que quieras embarcarte. Al final, y en el capítulo siguiente, cuando esboce las recomendaciones que quiero dar, te alentaré a que:

1. Identifiques cuál de los elementos está ahora debilitado,

y

2. Te enseñaré a identificar este elemento, dando apoyo al elemento previo.

Sólo hay un ángulo para poder utilizar esta dinámica, pero es el más sencillo y fácil con el que empezar. Si, por ejemplo, al leer el apartado del autodiagnóstico que hay al final del capítulo, descubres que el elemento Fuego (corazón, intestino delgado) es tu elemento débil, en el capítulo 7 te recomendaré que fortalezcas y motives el elemento previo, Árbol/Madera.

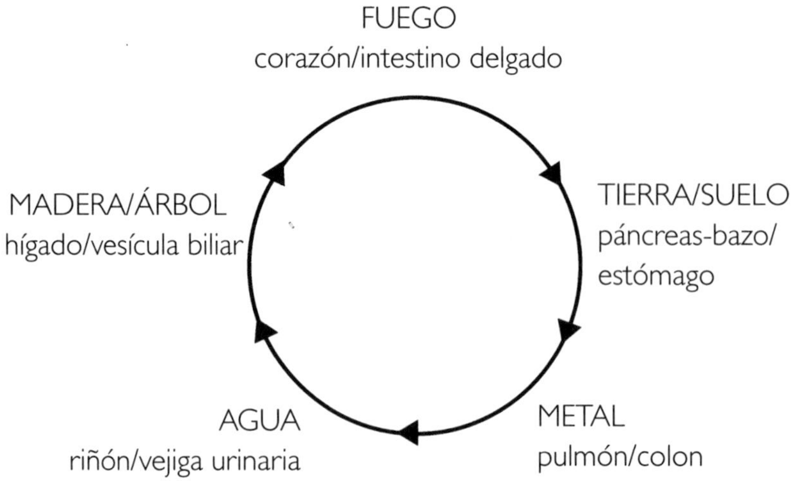

Como en el Feng Shui espacial, es importante recordar que, hasta cierto punto, hay que trabajar con todos los sectores y realzar la zona en la que te quieras concentrar. Con la salud ocurre lo mismo, y en el capítulo 7 encontrarás ideas relacionadas con todos los elementos, que te aportarán consejos útiles y valiosos. Sin embargo, deberás prestar atención especial al elemento que aparezca más débil, ya que este es el que necesitará más refuerzos.

Los cinco instrumentos principales

Hemos llegado al punto desde el cual es posible estudiar la función y la naturaleza de cada uno de los Cinco Elementos en relación con los cinco órganos principales. Desde la perspectiva de que nuestro entorno crea nuestra sangre, la cual alimenta los órganos internos que, a su vez, filtran y vuelven a crear sangre, son estos órganos vitales los que nos dan el último eslabón que los une con nuestra salud y nuestra conciencia. Con un poco de conocimiento de nuestros antecedentes, tanto desde el punto de vista occidental como del oriental, empezarás a comprender la esencia del «Feng Shui interior». Al final de este capítulo podrás valorar tu estado actual de salud, y en el capítulo 7 tendrás la oportunidad de fortalecer cualquier elemento o elementos que se encuentren debilitados, utilizando distintas disciplinas, como el Feng Shui, el ejercicio físico y la meditación.

Para que aproveches al máximo el próximo capítulo sobre Diagnóstico oriental, te será útil ver los órganos relacionados con los Cinco Elementos desde una perspectiva oriental, tanto en lo referente a su estructura y función como a su naturaleza energética. Cada uno de estos órganos desempeña un papel energético vital en el Feng Shui interior, y colaborar con ellos de una manera efectiva te ayudará a equilibrar tus mundos interior y exterior. En la Quinta parte, un resumen de estos factores te ayudará a decidir qué tipo de soportes o apoyos debes construir en tu camino.

Elemento Agua:
Riñones (vejiga urinaria y aparato reproductor)

FISIOLOGÍA Y FUNCIÓN

Estos importantes órganos, de unos 150 gramos de peso, desempeñan un papel vital en el complejo equilibrio de las secreciones del cuerpo. Limpian y filtran la sangre constantemente, al tiempo que eliminan los productos de deshecho potencialmente peligrosos. Dentro de los riñones hay un millón de células filtrantes, conocidas como nefrones. Estos diminutos tubos limpian la sangre a su paso por los riñones, reabsorbiendo un 99 por ciento del líquido y devolviendo vitaminas, hormonas, glucosas y aminoácidos al torrente sanguíneo. Los riñones hacen un trabajo muy duro. Son capaces de filtrar el doble del volumen de sangre de una persona en una hora.

Es fácil pensar que el aparato digestivo es nuestra vía principal de eliminación de deshechos, pero los riñones intervienen mucho más en este proceso. Los riñones también controlan el volumen de agua en la sangre, y se aseguran de que esta sangre no se vuelva demasiado alcalina o demasiado ácida. En el proceso de descomposición de los aminoácidos se produce urea, una sustancia de deshecho que los riñones deben filtrar. Demasiada urea en la sangre es un grave riesgo para la salud. La función de los riñones está íntimamente relacionada con el hígado, que, precisamente, se apoya en la Madera, el siguiente elemento del ciclo de los Cinco Elementos.

FENG SHUI INTERIOR

Los riñones son la fuente de nuestra fuerza de voluntad, y nos proporcionan resistencia, vigor y coraje. Desde una perspectiva oriental, los riñones se consideran el canal a través del cual se forma nuestra constitución y crean a la vez un vínculo directo entre nosotros, nuestros padres y nuestros ancestros. En el ciclo del desarrollo humano están relacionados con nuestro nacimiento, la infancia y la juventud. Parte de este desarrollo es la creación de nuestros huesos, controlada por la función de los riñones. Unos dientes y unos huesos fuertes son señal de unos riñones constitucionalmente fuertes.

APOYO

Las comidas calientes son preferibles a las frías y a los alimentos congelados. Las bebidas calientes son mejores que las frías. Los platos moderadamente salados y gustosos también son beneficiosos. Los riñones, regidos por el elemento agua, también simbolizan la noche y el invierno, y necesitan abundante sueño y períodos de inactividad para recargarse. Permanecer hiperactivo durante días y noches seguidos agota los riñones. Altos niveles de adrenalina también agotan y dañan el tejido renal.

La actividad física que lleva a sudar es muy beneficiosa porque esta forma de eliminación alivia la labor de los riñones. Una energía sexual excesiva y una gran dependencia de la adrenalina son perjudiciales para los riñones. Los ambientes húmedos o fríos también lo son. Estos órganos prefieren estabilidad en nuestras vidas y es importante que, para tu bienestar energético, mantengas la estabilidad en tu casa, en el trabajo y en las relaciones. A veces, cambiar de casa, de trabajo y de relaciones es «inquietante» para los riñones.

Elemento Fuego:
Corazón (intestino delgado)

FISIOLOGÍA Y FUNCIÓN

Del tamaño aproximado de un puño, el corazón es una bomba dinámica que mueve la sangre a través del cuerpo y de los pulmones. El corazón bombea la asombrosa cantidad de 15.000 litros de sangre en veinticuatro horas. Esto equivale a mover sangre unos 100.000 kilómetros por las venas, arterias y capilares. El músculo del corazón bombea la sangre con una fuerza hercúlea, a un promedio de 70 veces por minuto, que puede llegar a las 160 veces, o más, o a las 50 en momentos de descanso. Al ser tan activo, el corazón necesita diez veces más alimento de la sangre que otros órganos y tejidos del cuerpo. El corazón recibe este alimento de la sangre a través de las arterias coronarias. La acumulación de depósitos de grasa en estas arterias puede hacer que se bloqueen, lo que a su vez mata una porción del músculo requerido para que el corazón pueda bombear de manera eficiente. Reducir al mínimo el riesgo de que esto ocurra es un problema importante en Occidente, donde una persona de cada cuatro sufre algún tipo de problema cardíaco.

FENG SHUI INTERIOR

Desde una perspectiva oriental, el corazón no sólo rige la sangre y los vasos que la transportan sino también la mente, llamada «shen» por los chinos. En este contexto, la mente está conectada con nuestra sensibilidad en el plano vibratorio, lo que la conecta con el mundo exterior, con la memoria, con nuestros pensamientos y nuestra conciencia de nosotros mismos. Un «shen» poderoso nos ayuda a mantenernos calmados, sintonizados con nuestro entorno e intuitivos. Cuando el «shen» está bien regulado, nuestra respuesta al mundo externo es serena, relajada y razonable. En cambio, cuando está desequilibrado, puede propiciar conductas irracionales e histéricas y hacer que nos volvamos hipersensibles y olvidadizos.

APOYO

Sin control, el Fuego puede ser muy indisciplinado. Necesita un hogar, la regulación del oxígeno y algún tipo de estabilidad para que no arda de modo devastador. Por lo tanto, es beneficioso tener un estilo de vida en el que haya una cantidad razonable de orden, paz y estructura. La utilización errática e incoherente de la energía debilita el Fuego. Como es un elemento de naturaleza cálida, lo mejor es apoyarlo, y las actividades como relacionarse, bailar, cantar y reír son todas beneficiosas. Desde la perspectiva del Feng Shui, vivir en una casa que tenga estabilidad, que sea cálida y acogedora es un gran apoyo para el Fuego. Vivir solo o sin la suficiente interacción con los demás no alimenta el Fuego. Tener una vida social o laboral caótica tampoco ayuda.

Elemento Metal:
Pulmones (colon)

FISIOLOGÍA Y FUNCIÓN

A diferencia del corazón, los pulmones no tienen músculos propios para controlar la respiración. En el tórax hay un pequeño vacío que permite que se den la contracción y la expansión al tiempo que el diafragma y los músculos pectorales crean la fuerza dinámica necesaria para respirar. El trabajo más importante de los pulmones lo realizan los alvéolos, que son unas bolsas pequeñas en forma de cereza en los extremos de los conductos del aire. La superficie total de estos alvéolos sería equivalente a la de un campo de tenis. Cada alvéolo conecta con capilares diminutos que transportan la sangre bombeada por el corazón. A través de su finísima membrana, los capilares descargan el dióxido de carbono de la sangre a los pulmones. Luego, las células de la sangre devuelven oxígeno a ésta, recargándola antes de que regrese al corazón.

Una inhalación suave de aire tiene un volumen aproximado de un litro. La capacidad total de los pulmones es de más de ocho litros. Estando tumbados, necesitamos 18 litros de aire por minuto; sentados, 32 litros; caminando, unos 56 litros, mientras que si corremos necesitaremos entre 100 y 112 litros de aire por minuto. Aunque los pulmones son órganos internos (alojados dentro del cuerpo), es como si estuvieran en la superficie. Como su compañero el colon, están en contacto directo con el entorno. Eso significa que los pulmones son muy vulnerables al medio ambiente. La nicotina, el dióxido de carbono, el plomo, el dióxido de nitrógeno y el benzopireno en exceso son extremadamente peligrosos para la salud de los pulmones.

FENG SHUI INTERIOR

En la medicina oriental, los pulmones están considerados órganos de absorción y de eliminación; rigen la parte exterior del cuerpo: la piel. De hecho, para los chinos la piel es el tercer pulmón. Mientras que el corazón gobierna nuestra percepción mental y emocional del mundo exterior, los pulmones rigen nuestra percepción física de éste mediante los sentidos del tacto, gusto, olfato y oído.

APOYO

Como el elemento Metal está relacionado con la contracción, la concentración y la intensidad, se recomienda no hacer excesivo hincapié en estas cualidades en la vida cotidiana. Si estamos presionados, ya sea física o emocionalmente, o nos sentimos atrapados en una situación, los pulmones resultan gravemente perjudicados. Para liberar la energía pulmonar, tenemos que ser capaces de expresarnos libremente y desahogarnos. También es beneficioso el ejercicio físico que nos haga jadear y sudar. Tanto en casa como en el trabajo, el aire limpio es de importancia vital. Una casa, ambiente laboral o dormitorio mal oxigenados pueden provocar sentimientos de depresión y de desesperación. Así mismo, es recomendable rodearse de plantas saludables en el hogar.

Elemento Suelo/Tierra:
Bazo/páncreas (estómago)

FISIOLOGÍA Y FUNCIÓN

El páncreas es como la fábrica que proporciona la energía a todas las células y órganos del cuerpo. Aunque sólo mide 15 centímetros de longitud y pesa menos de 100 gramos, el páncreas es, probablemente, el órgano más activo del cuerpo. Desempeña dos importantes funciones; la primera, crear la hormona llamada insulina, un producto químico que es esencial para la supervivencia. La insulina controla los niveles de glucosa en la sangre. La glucosa proporciona al cuerpo la energía que necesita y es el nutriente principal de las células. En segundo lugar, el páncreas produce aproximadamente un litro diario de enzimas digestivas que vuelven alcalinos los alimentos ácidos a medio digerir en su paso del estómago al tracto digestivo. El papel más vital que desempeña el páncreas es la producción de insulina. Sin esta hormona, los niveles de glucosa en la sangre se desequilibran, ocasionando diabetes que, si no se controla, puede llevar a enfermedades graves. Un exceso de glucosa en la sangre (en una persona sana) pasa al hígado y de allí a los músculos, que la almacenan en forma de glucógeno para utilizarlo cuando sea necesario.

El bazo realiza dos importantes funciones. Primero, actúa de filtro para eliminar del torrente sanguíneo los glóbulos rojos gastados, defectuosos o deformes. Su segunda función está relacionada con el sistema inmunitario. Una de las principales defensas que tiene el cuerpo contra la infección es el llamado tejido linfático. Los ganglios y las amígdalas también son tejidos linfáticos. El bazo es, con mucha diferencia, el mayor órgano linfático del cuerpo, y produce algunos de los anticuerpos, linfocitos y fagocitos que destruyen los microorganismos infecciosos como las bacterias y los virus.

FENG SHUI INTERIOR

Aunque desde una perspectiva occidental se trate de dos órganos distintos, en la medicina china tradicional era uno solo. El bazo se consideraba el órgano central de la digestión y de la fabricación de sangre. En el entorno rural de la China antigua, la imagen asociada con el bazo era la de un silo con cereales almacenados para toda la comunidad. Aunque el grano se cosechaba en granjas distintas, se llevaba al silo donde se limpiaba, se guardaba y se distribuía cuando era necesario. El elemento Suelo que gobierna estos órganos también es de vital importancia en el cuerpo humano, ya que controla la estabilidad y la distribución. Aparte del símbolo del silo, los textos de medicina china señalan también su función de transporte y de transformación. En el plano energético, el bazo/páncreas rige la función del intelecto: el poder de concentración, de análisis y de estudio.

APOYO

Si tuviéramos que comparar el elemento Suelo y un atributo de nuestra conducta, la palabra «finalización» sería aquí la adecuada. Esforzarse por terminar los trabajos empezados repercute en el buen funcionamiento del bazo y del páncreas. Se trata de terminar proyectos, pagar facturas, cumplir promesas, abordar conversaciones inacabadas y afrontar conflictos que están por resolver. En el plano físico, las actividades que nos acercan a la tierra, como la jardinería y pasear por el campo, nos ayudan a nutrir el elemento Suelo. Una de las actividades que más nos puede nutrir es pasarse de 10 a 15 minutos cada día descalzo en la tierra para que su energía natural nos dé soporte. Los meridianos o canales de energía chi conectados con el bazo y el páncreas se encuentran en los dedos gordos de ambos pies y discurren paralelos al borde interno del pie hasta el tobillo.

Elemento Madera/Árbol:
Hígado (vesícula biliar)

FISIOLOGÍA Y FUNCIÓN

Con un peso aproximado de 1,4 kilogramos, el hígado se encuentra situado en el costado derecho del cuerpo, debajo del diafragma. Este órgano, el más grande del cuerpo humano, realiza unas 500 funciones, y un fallo en cualquiera de ellas puede ser desastroso para la salud. El hígado produce unas 1000 enzimas para realizar todas las conversiones químicas que el cuerpo necesita. De todos los órganos importantes del cuerpo, el hígado es el único que puede regenerarse en pocos meses, y puede continuar funcionando con el 85 por ciento de sus células dañadas o el 80 por ciento extirpadas quirúrgicamente. Una de sus funciones principales es la de aportar los constituyentes necesarios para la fabricación de los glóbulos rojos. Incluso el desecho de este proceso se recicla para hacer la bilis, la enzima digestiva que pasa a la vesícula biliar que, a su vez, contribuye a la descomposición de las grasas en el proceso digestivo que se realiza en el duodeno.

Si en la sangre hay demasiado azúcar, el hígado puede convertirlo en glucosa, almacenarla y liberarla como combustible para los músculos del cuerpo. Cuando hacemos ejercicio físico, producimos ácido láctico, un producto de desecho que es muy peligroso para el cuerpo. El hígado recicla este producto, convirtiéndolo en glucógeno, para almacenarlo y liberarlo en futuras ocasiones. El hígado también convierte las toxinas de la sangre en productos químicos inocuos que serán eliminados del cuerpo, y controla los niveles de aminoácidos en la sangre. Algunos de estos aminoácidos son convertidos en proteínas, otros en glucosa, y el resto en urea, que pasará a los riñones para que éstos la excreten.

FENG SHUI INTERIOR

En la medicina oriental, el hígado se considera el hogar de nuestro espíritu o chi. Es el responsable de la motivación, la flexibilidad y el crecimiento. En las medicinas oriental y occidental se da un interesante paralelismo acerca de la naturaleza sustentadora de este órgano con respecto al corazón. El hígado puede actuar como válvula de seguridad y de descarga de la sangre que va hacia el corazón. Hay una gran vena en la parte superior del hígado (la vena hepática) que va directamente al corazón, y si en el aparato circulatorio hubiera una avalancha repentina de sangre que podría inundar el corazón, el hígado intervendría para contener esa sangre extra como si fuera la compuerta de un pantano. Luego, el hígado podrá liberar despacio esta sangre, cuando el corazón esté preparado para recibir ese flujo adicional.

En algunos textos tradicionales, el hígado es considerado el «general» del cuerpo, el que crea orden y armonía en el organismo. La flexibilidad y el buen humor son señal de tener un hígado sano. El hígado también rige los músculos y los tendones del cuerpo, los cuales, cuando está equilibrado, nos aportan gracia, flexibilidad y sutileza de movimientos. Los individuos que disfrutan levantándose temprano, que son energéticos, entusiastas y alegres suelen tener un hígado sano.

APOYO

Un estilo de vida espontáneo, libre y activo da soporte al elemento Madera/Árbol. Una vida de estancamiento, monótona y llena de presiones, con pocas posibilidades de expresar ideas nuevas, puede estancar el hígado. El hígado también se beneficia del ejercicio físico vigoroso, ya que de ese modo libera las reservas de glucógeno que posee y aporta flexibilidad a las articulaciones, los músculos y los tendones. Hacer ejercicio a primera hora de la mañana, antes del desayuno, es una gran ayuda para el hígado. Gritar, cantar y bailar contribuyen a liberar tensiones acumuladas. Cenar tarde por la noche y comer en exceso en general dañan la naturaleza primaveral del hígado. Hacer la tradicional «limpieza primaveral» no sólo beneficia desde la perspectiva del Feng Shui sino que puede renovar el chi del hígado, sobre todo si, al mismo tiempo, se practica alguna forma de ayuno.

El autodiagnóstico

El Diagnóstico oriental ha sido utilizado por expertos practicantes durante siglos, y proporciona una perspectiva holista [integral] del estado de salud actual de un cliente. La belleza del sistema reside en que no se limita a una técnica concreta sino que abarca varias distintas, y que todas ellas están basadas en nuestros sentidos. Un practicante experto observará la postura, el lenguaje corporal y la expresión facial, mientras que, al mismo tiempo, preguntará por los síntomas y a qué hora del día o de la noche se presentan con más fuerza. Un importante aspecto de la medicina oriental es el papel que desempeñan la red de canales o «meridianos» que controlan el flujo de la energía chi en nuestro cuerpo. El especialista buscará desequilibrios en estos meridianos que puedan obstruir ese flujo. Estos desequilibrios pueden tratarse aplicando presión en lugares especiales de los meridianos, conocidos como puntos de digitopuntura, los que, a su vez, afectan al funcionamiento y a la salud de nuestros órganos internos. La voz y la expresión también suelen revelar desequilibrios internos. Nuestras costumbres, conductas y anhelos son manifestaciones de cierto tipo de desequilibrio.

La utilización del Diagnóstico oriental en los métodos de curación tradicionales tiene dos vertientes. Primera, puede emplearse para diagnosticar y constituir la base del tratamiento de un problema agudo. En segundo lugar, un practicante puede detectar las señales de un problema potencial e idear un tratamiento preventivo. En este proceso, hay al principio un nivel mecánico en el que se formulan preguntas, y después el especialista asimila las respuestas para poder extraer una conclusión. En otro plano, con pericia y práctica, ese proceso se convierte casi en intuitivo. El secreto reside en la habilidad de los especialistas para estar totalmente «vacíos» al hacer sus observaciones. No se dejan llevar por ideas preconcebidas ni por lo que el cliente afirme que le ocurre. A un nivel muy básico, todos podemos diagnosticar de manera intuitiva. Cuando llevamos tiempo sin ver a un amigo, enseguida advertimos si está lleno de energía, despierto, saludable, o triste, distraído y deprimido. Pero para ver estos estados no se requiere ninguna habilidad especial, porque todos percibimos la energía chi.

Aunque en este apartado me centraré en el diagnóstico a partir del estado actual de la persona, con un poco de práctica estos mismos principios pueden aplicarse a partir de la observación de un hogar desde una perspectiva Feng Shui. Me alegro mucho de los años que pasé estudiando y practicando este sistema antes de aventurarme en el Feng Shui espacial, aunque a éste puedan aplicarse los mismos principios. Se trata de ver la «imagen total» y después irla reduciendo a los detalles. Entonces será más fácil localizar cuáles son los principales problemas de los que hay que hacerse cargo y, tal vez, seguir pasando a puntos o detalles más pequeños que requieran una atención secundaria.

La principal ventaja de los que practican la medicina oriental o de los consejeros de Feng Shui es que tienen una visión objetiva de tu persona y de tu espacio vital. Pueden ver algo que es obvio, aunque a ti se te escape. Por esta razón, he elegido unas cuantas técnicas de Diagnóstico oriental de fácil utilización y que no requieran una gran objetividad por tu parte.

Cómo utilizar las páginas siguientes

En los nueve apartados siguientes relacionados con los puntos de digitopuntura, el diagnóstico facial, las emociones, etcétera, mira si alguna de las afirmaciones que se hacen relacionadas con los Cinco Elementos es cierta en tu estado actual. Por ejemplo, si el punto de digitopuntura que presionas es el más doloroso, marca la casilla correspondiente. Haz lo mismo con las demás preguntas y, al final del ejercicio, anota qué elemento está más realzado. Aunque no es raro que se den desequilibrios en todos los elementos, uno o dos de ellos siempre aparecerán más destacados. Esos serán los elementos en los que deberás trabajar utilizando las recomendaciones del próximo capítulo. Y, por favor, al final de este apartado de autodiagnóstico, no te quedes con la impresión de que, desde que has nacido, tienes un desequilibrio en el elemento Fuego. En lo que a las recomendaciones se refiere, lo mejor es practicarlas entre uno y dos meses para ver los resultados y no a lo largo de toda la vida. Recuerda que todo cambia.

Puntos de digitopuntura

Cuando presiones estos puntos, utiliza el pulgar y exhala el aire mientras ejerces la presión. Presiónalos uno tras otro y recuerda presionar el punto del lado opuesto del cuerpo, pero nunca los presiones a la vez.

Agua - Riñones

RIÑÓN, PUNTO Nº 1

Este punto está localizado en la planta de los pies, en lo alto del valle o pliegue que encontrarás en la almohadilla de la planta, justo debajo de los dedos. Si colocas la parte exterior del tobillo sobre la rodilla opuesta, y coges con fuerza la parte superior del pie, se formará un pequeño hueco en la zona 1 del riñón. De todos los puntos de digitopuntura, este es el más difícil de activar y, al principio, también es difícil sentirlo. Casi todos los puntos de acupuntura están en la superficie del cuerpo, pero éste está muy profundo y requiere tiempo y presión para «despertarlo». Cuando los hayas localizado, si al presionar sientes un dolor agudo eso indica que hay estancamiento en el riñón.

Sí, dolor agudo ☐	No ☐

Madera/Árbol - Hígado

HÍGADO, PUNTO Nº 3

En la parte superior del pie encontrarás en pequeño hueco en el valle donde se juntan el dedo gordo y el dedo adyacente. Con el pulgar, recorre la depresión que corre entre los huesos [metatarsianos] que proceden de estos dos dedos. En la parte alta de esta depresión, a unos 4 centímetros (la anchura de dos dedos) de distancia, encontrarás el punto 3 del hígado. Cuando se le aplica presión, el dolor agudo indica estancamiento del hígado.

Sí, dolor agudo ☐	No ☐

Fuego - Corazón

CORAZÓN, PUNTO Nº 7

Empieza trazando una línea a lo largo del borde externo de la mano, desde el meñique hasta la muñeca. Cuando llegues a la articulación entre la mano y la muñeca, encontrarás un pequeño hueco o depresión. Flexiona un poco la muñeca para que te sea más fácil hallar el punto nº 7 del corazón. Un dolor agudo, una sensación de cosquilleo o una sensación «eléctrica» indican estancamiento en el corazón.

Sí, dolor agudo o sensación ☐	Ni dolor ni sensación ☐

Suelo/Tierra - Bazo/Páncreas

BAZO/PÁNCREAS, PUNTO Nº 10

Este punto se encuentra en la cara interna de la pierna, justo por encima de la rodilla. Tres dedos de ancho por encima de la rótula, presiona con el pulgar la prominencia del músculo de la cara interna de la pierna. El dolor agudo en ese punto indica estancamiento en el bazo o páncreas.

Sí, dolor agudo ☐	No ☐

Metal - Pulmón

PULMÓN, PUNTO Nº 1

Este punto se encuentra directamente debajo de la clavícula, entre la primera y la segunda costilla. Empieza siguiendo el trazado de la clavícula con las puntas de los dedos. Utiliza un poco más de presión, y palpa justo debajo de este hueso, entre la primera y la segunda costilla. Luego, busca el punto medio de la clavícula, y de ahí baja en línea recta con el pulgar: entre la primera y la segunda costilla se encuentra el punto nº 1 del pulmón. Con el pulgar situado en este punto, respira hondo y aplica una fuerte presión mientras exhalas el aire. Un dolor agudo en este punto indica estancamiento del pulmón.

Sí, dolor agudo ☐	No ☐

El diagnóstico facial

Este arte fascinante puede revelar mucho sobre nuestra naturaleza que hemos heredado de nuestros padres y ancestros. La estructura ósea y los rasgos faciales no cambian, y, como tu constitución, representan tu estado actual y también tu potencial. En este apartado, me concentraré en el estado físico, que cambia día a día y semana a semana. En una habitación bien iluminada, mírate al espejo. No te fijes en los detalles. La decoloración, la hinchazón, las señales y las venas prominentes reflejan tu estado actual. En la ilustración siguiente, se muestran las cinco zonas básicas que se utilizan en el diagnóstico facial.

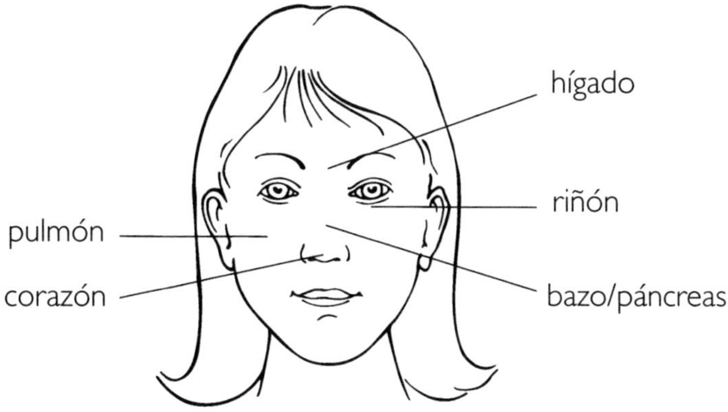

Agua - Riñones

En el párpado inferior podemos ver un posible estancamiento en los riñones. Busca señales de: a) hinchazón o enrojecimiento y b) oscurecimiento (color morado).

a_______________ b_______________

Madera/Árbol - Hígado

Examina el entrecejo. Mira si hay: a) inflamación, decoloración o piel seca. Unas arrugas profundas en esta zona b) pueden referirse a antiguos desajustes del hígado que no tienen por qué ser actuales.

a_______________ b_______________

Fuego - Corazón

En el diagnóstico facial, el corazón está representado por la punta de la nariz. ¿Está esta zona: a) hinchada o enrojecida o de un color más púrpura que el resto de la cara, o b) se ve blanca y comprimida como un nudillo en un puño cerrado?

a_______________ b_______________

Suelo/Tierra - Bazo/Páncreas

Estos órganos están situados en el centro del cuerpo y su representación está en el centro de la cara, es decir, en el puente de la nariz. Examina esta zona para ver: a) si presenta enrojecimiento, tonalidad amarilla, capilares rotos, o b) si está comprimida y blanca como un nudillo en un puño cerrado.

a_______________ b_______________

Metal - Pulmones

Los pulmones están representados por la zona que abarca desde la parte inferior de los pómulos hasta las comisuras de los labios y el borde de la mandíbula. Examina la zona en busca de: a) enrojecimiento, hinchazón, capilares rotos, b) manchas, o c) piel tirante y casi grisácea.

a_______________ b_______________ c_______________

Las emociones

La expresión externa de nuestras emociones, causada por los altibajos de la vida cotidiana, nos proporciona un preciso reflejo del bienestar de tus órganos internos. Aquí examinaremos la expresión más superficial de las emociones en la actitud de cada día, en vez de fijarnos en desequilibrios emocionales profundos que pueden remontarse a muchos años atrás, e incluso a la infancia. Imagina que una noche le das un «martillazo» al hígado cenando demasiado tarde, bebiendo demasiado alcohol y durmiendo pocas horas. Al día siguiente, es posible que te sientas irritable, de mal humor e impaciente. Es este nivel de experiencia el que puede variar en nosotros de un día para otro. Las preguntas siguientes tienen como objetivo medir tu bienestar emocional actual.

Agua – Riñones

¿Te sientes habitualmente ansioso, temeroso, preocupado o incluso paranoico?

Sí ☐ No ☐

Madera/Árbol - Hígado

¿Estás más irritable, impaciente o airado de lo normal?

Sí ☐ No ☐

Fuego - Corazón

¿Estás más apasionado o histérico de lo habitual?

Sí ☐ No ☐

Suelo/Tierra – Bazo/Páncreas

¿Te quejas mucho, sientes compasión de ti mismo, o te sientes desengañado o suspicaz?

Sí ☐ No ☐

Metal – Pulmones

¿Estás más reservado, melancólico o deprimido?

Sí ☐ No ☐

Los hábitos

La expresión externa de nuestros órganos internos también afecta a nuestros asuntos cotidianos. A diferencia de las emociones, los hábitos son las expresiones de nuestra manera corriente de comportarnos en el mundo. ¿Te han criticado recientemente los compañeros de trabajo o tus amigos por ser demasiado indeciso o errático? En tu casa, mira a tu alrededor y advierte si hay señales de cosas incompletas, aislamiento o timidez que en realidad te están protegiendo del mundo exterior. Mira si alguna de estas cinco áreas te sugieren algo acerca de tu momento presente.

Agua

¿Eres menos atrevido de lo habitual? ¿Estás siendo demasiado cauteloso y tiendes a protegerte excesivamente? ¿Te comportas con abulia y pospones asumir compromisos?

Sí ☐ No ☐

Árbol/Madera

¿Te han criticado recientemente por ser insensible? ¿Realmente escuchas y eres sensible y consciente de las necesidades de los demás? ¿Eres demasiado altanero y dominante? ¿Lo haces todo apresuradamente?

Sí ☐ No ☐

Fuego

¿Parece que tu vida está fuera de control? ¿Te precipitas hacia varias direcciones a la vez, consumiendo mucha energía y sin conseguir lo que te propones? Recientemente, ¿te han acusado de egoísta? ¿Es errático tu estilo de vida: todo acción en un momento y quietud absoluta en el momento siguiente?

Sí ☐ No ☐

Suelo/Tierra

En este momento, ¿eres más dependiente de los demás? ¿Te sientes abrumado y crees que la situación presente no tiene solución? Lo más importante que hay que advertir aquí es si tienes una lista de cosas sin terminar: proyectos, tareas, cartas, conversaciones... En la vida diaria, ¿tienes tendencia a dejar las cosas sin terminar?

Sí ☐ No ☐

Metal

¿Estás cada vez más aislado? ¿Te resulta difícil confiar en los que te rodean? ¿Te has vuelto indeciso? ¿Has advertido que cada vez eres más introvertido? A un nivel más crónico, ¿sientes cada vez mayor indiferencia por el mundo que te rodea?

Sí ☐ No ☐

Las apetencias

Este aspecto del diagnóstico oriental puede parecer paradójico. A menudo nos apetecen sabores, aromas y sensaciones que pueden apoyar un elemento debilitado, mientras que otras veces ocurre todo lo contrario, no podemos soportar esos sabores. Si cualquiera de estos atributos más extremos es cierto, indica un desequilibrio en un elemento. Examina estos cinco apartados y fíjate en lo que te apetece y en lo que detestas.

Agua

¿Te apetece tomar líquido? ¿Prefieres las comidas frías? ¿Prefieres las comidas sazonadas, o añades más sal o salsa de soja a tus platos? ¿No soportas la sal y no la utilizas en absoluto, ni siquiera para cocinar?

Sí, me apetece la sal ☐ No, detesto la sal ☐

Madera/Árbol

¿Te apetecen las comidas con especias? En especial, ¿te atraen el curry o las especias chinas y tailandesas? ¿Te apetecen los encurtidos, el limón y el vinagre? ¿Detestas por completo los sabores mencionados?

Sí, me apetece la comida con especias ☐ No, detesto la comida con especias ☐

Fuego

En la actualidad, ¿te apetecen los alimentos con sabor amargo? ¿El café solo, el chocolate, las tostadas quemadas? ¿Detestas las verduras de sabor amargo como el cardo, la col y otras verduras de primavera?

Sí, me apetece la comida amarga ☐ No, detesto la comida amarga ☐

Suelo/Tierra

En la actualidad, ¿te apetecen las comidas dulces y cremosas? ¿Te apetecen los lácteos de sabor dulce? ¿Comes muchos dulces?

Sí, me apetecen los dulces ☐ No, detesto los dulces ☐

Metal

¿Te apetecen los alimentos secos como las galletas o las tostadas? ¿Prefieres la comida de larga cocción como los asados, la repostería y los estofados? De vez en cuando, ¿te apetecen condimentos como la pimienta, la mostaza o los rábanos?

Sí, me apetecen mucho estos alimentos ☐ No, detesto estos alimentos ☐

Momento del día

En la medicina china, los cinco órganos principales y sus compañeros complementarios tienen un momento concreto del día en que recargan su energía y se revitalizan. Ese es, a menudo, el mejor momento para introducir algún tipo de remedio. Sin embargo, desde el punto de vista del diagnóstico, puede ser muy revelador el que te sientas cansado en esos ratos o que los síntomas y dolores empeoren. Paradójicamente, esos también pueden ser los momentos del día en que tengas subidas de energía erráticas o inusuales.

Agua – Desde la medianoche a las 6 horas

¿Estás inquieto en este lapso? ¿Tus síntomas empeoran? ¿Te cuesta dormir? ¿Eres noctámbulo?

Sí ☐ No ☐

Madera - De las 6 a las 10 horas

¿Es por la mañana cuando te encuentras peor? ¿Detestas tener que levantarte? ¿No empiezas a funcionar hasta pasadas las diez de la mañana? ¿Te despiertas siempre muy temprano y eres incapaz de volver a dormirte?

Sí ☐ No ☐

Fuego – De las 10 a las 14 horas

Durante este período, ¿estás falto de energía? ¿Te sientes abrumado o poco inspirado en estas horas del día? ¿Te falta el entusiasmo que suelen tener los que te rodean durante este período? ¿Se presentan los síntomas entre estas horas?

Sí ☐ No ☐

Suelo/Tierra – De las 14 a las 18 horas

Durante este período, ¿pierdes la inspiración? ¿Te sientes cansado? ¿Necesitas dormir la siesta? ¿Necesitas comer dulces para levantar el ánimo? ¿Se presentan siempre los síntomas durante estas horas?

Sí ☐ No ☐

Metal – De las 18 horas a la medianoche

¿Es tu peor momento del día? Entre estas horas, ¿te sientes reservado, aislado y poco sociable? ¿Estás siempre cansado durante este período? ¿Cenas siempre tarde, casi a medianoche?

Sí ☐ No ☐

La expresión física

El lenguaje corporal y los movimientos también son una expresión de los órganos internos. Esto se ve con mucha mayor facilidad en los demás, y tal vez puedas practicar mientras tomas un transporte público o en una reunión, hasta que seas un poco más consciente de ello.

Con este nuevo conocimiento, es fácil notar cómo te sientas, cómo caminas y cómo te expresas físicamente, incluso cuando estás conversando.

Agua

¿Eres excesivamente cauteloso en tu lenguaje corporal? ¿Tiendes a cruzar los brazos sobre el abdomen? Cuando estás en una habitación, ¿tienes el instinto natural de protegerte, apoyando la espalda en la pared o sentándote en un lugar desde el que siempre veas la puerta?

Sí ☐ No ☐

Madera/Árbol

¿Caminas siempre deprisa? Tu porte, ¿es un tanto rígido? ¿Son espasmódicos tus movimientos? ¿Tiendes a apretar los dientes o la mandíbula?

Sí ☐ No ☐

Fuego

¿Es tu expresión animada? ¿Gesticulas constantemente con los brazos y con las manos? La mayor parte de tu expresión corporal, ¿procede de la parte superior del cuerpo, de la cabeza y de las manos? ¿Estás siempre inquieto?

Sí ☐ No ☐

Suelo/Tierra

¿Tiendes a hundirte en la silla? Tus movimientos corporales, ¿son lentos y pesados? ¿Transmites un aire de desesperación? ¿Cruzas los brazos con fuerza por encima de la cintura? ¿Gesticulas vagamente con las manos y las muñecas dejando que éstas caigan sobre el regazo al final de la frase que pronuncias?

Sí ☐ No ☐

Metal

La expresión extrema del desequilibrio en el elemento Metal es la ausencia de movimiento. ¿Estás siempre muy quieto? ¿Tienes los hombros caídos hacia delante? ¿Tiendes a enroscarte como una bola? ¿Te sientes incómodo ante otros que gesticulan y se expresan libremente? ¿Te sientes como dentro de un caparazón?

Sí ☐ No ☐

La voz

Nuestra expresión vocal cambia de un día a otro, y de una hora a otra, y está estrechamente relacionada con la salud de los órganos internos. Cualquier cualidad destacable en los cinco ejemplos que presentaré a continuación indica desequilibrio de los elementos. Escuchar la propia voz es difícil, por lo que tal vez tengas que grabarla y reproducirla. Igual que en el apartado anterior, es aconsejable escuchar a los que nos rodean y practicar identificando las distintas «voces».

Agua

¿Suena húmeda, mojada o débil tu voz? ¿Suena como si estuvieras a punto de echarte a llorar?

Sí ☐ No ☐

Madera/Árbol

¿Es tu voz penetrante, alta y clara? ¿Suena como si estuvieras gritando o discutiendo?

Sí ☐ No ☐

Fuego

¿Es errática tu expresión vocal? ¿Es una voz con altibajos, o empleas frases que empiezan, se detienen y vuelven a empezar? ¿Suena como si estuvieras cantando?

Sí ☐ No ☐

Suelo/Tierra

¿Es tu expresión vocal incompleta? ¿Sacas un tema de conversación y luego te pones a divagar? ¿Se notan síncopas en cada frase? ¿Empiezas a hablar claramente y luego la voz retrocede? ¿Suena como si suspirases?

Sí ☐ No ☐

Metal

¿Es tu voz seca y monótona? ¿Hay una pequeña cantinela en tus palabras? ¿Suena como si gruñeras?

Sí ☐ No ☐

Las obsesiones

Aunque estos ejemplos son modos de conducta muy extremos, tal vez tengan relación con tu estado actual. Mira si puedes identificar alguno.

Agua

¿Estás obsesionado con el sigilo y los secretos? ¿Te obsesiona el sexo?¿Estás reprimido sexualmente?

Sí ☐ No ☐

Madera/Árbol

¿Eres un fanático del ejercicio? ¿Estás obsesionado con el orden, el ritual y la puntualidad?

Sí ☐ No ☐

Fuego

¿Eres excesivamente autoindulgente? ¿Estás obsesionado por tu apariencia física o tu estilo? ¿Tiendes a juzgar a los demás por su aspecto físico y la primera impresión que dan?

Sí ☐ No ☐

Suelo

¿Estás obsesionado con la comida? ¿Tienes que controlarte todo el tiempo? ¿Eres propenso a los celos?

Sí ☐ No ☐

Metal

¿Te obsesionan los detalles? ¿Eres un obseso de la limpieza y de la higiene? ¿Eres especialmente posesivo, ya sea en las relaciones o con respecto a tus propiedades?

Sí ☐ No ☐

Los síntomas

La lista siguiente de síntomas es amplia, pero muy útil para relacionar la expresión general de la persona con uno de los Cinco Elementos. Como en los apartados anteriores, marca sólo si es importante.

Agua

¿Estás siempre muy cansado? ¿Tienes dolores persistentes en la parte baja de la espalda? ¿Tienes dolor o hinchazón en los pies o en los tobillos? ¿Sueles tener problemas de oído?

Sí ☐ No ☐

Árbol/Madera

¿Tienes problemas persistentes en los ojos? ¿Te sientes rígido? ¿Te duelen los músculos después de hacer ejercicio, por moderado que sea? ¿Tienes problemas generales de articulaciones, sobre todo en los codos y en las rodillas?

Sí ☐ No ☐

Fuego

¿Te sientes siempre inquieto? ¿Notas el frío? ¿Tienes las manos y los pies especialmente fríos? ¿Tienes los dedos rígidos y poco flexibles?

Sí ☐ No ☐

Suelo/Tierra

¿Tienes los músculos generalmente fláccidos? ¿Tienes tendencia a aumentar de peso? ¿Te falta tono muscular en la parte interior de los muslos? ¿Tiendes a acumular grasa en las caderas y en las nalgas?

Sí ☐ No ☐

Metal

¿Tienes sensible el aparato digestivo? ¿Te resfrías con facilidad? ¿Tienes las muñecas flojas o fláccidas? ¿Sientes debilidad en los brazos y en los antebrazos?

Sí ☐ No ☐

Conclusión

Mira las distintas casillas que has marcado para ver a qué elemento o elementos deberás prestar atención. Recuerda que éste sólo es tu estado actual y tal vez no sea representativo de lo que seas en el futuro ni de lo que fuiste en el pasado. Tu estado físico está en un cambio constante. Al principio, resulta útil centrarse sólo en uno o dos elementos antes de tratar otros problemas. En el capítulo siguiente encontrarás ideas positivas sobre cómo propiciar el cambio interior.

Capítulo 8

Cómo reforzar los elementos

Ya he explicado cómo determinar qué elemento o elementos son los más débiles en cuanto a nuestra salud y bienestar. El objetivo de este capítulo es explicar las muchas esferas de la vida en las que puedes empezar a propiciar los cambios. Al trabajar con la teoría de los Cinco Elementos, es importante:

1. Dar soporte al elemento más débil desde cualquier aspecto relacionado con él, tal como aparece en los apartados siguientes

y

2. Incorporar aspectos del elemento precedente en el ciclo a fin de darle un apoyo adicional.

También recomiendo que practiques los cambios en tu estilo de vida durante un mínimo de 30 días y que controles los cambios. Hay muchas esferas en las que se pueden realizar cambios, entre ellas, el Feng Shui, la alimentación, el ejercicio, la música, las relaciones, las vacaciones y el ocio.

> *La esencia del buen Feng Shui es el equilibrio de nuestros mundos interior y exterior.*

Trabajar en estas esferas de tu vida reforzará tu Feng Shui interior. Creo que la esencia del buen Feng Shui es el equilibrio del mundo exterior y el interior. Recuerda, además, que el Feng Shui interior representa tu salud y tu chi, mientras que las influencias externas son las que están basadas en tu hado o destino astrológico y, desde luego, en tu espacio vital. Recuerda también que los elementos que necesitas reforzar variarán del mismo modo que tus emociones, tus experiencias vitales y tu salud a medida que ocurran los cambios.

Cualidades creativas de los Cinco Elementos

He aquí una revisión de la esencia y de las características de los Cinco Elementos desde el punto de vista de la conducta emocional y espiritual.

AGUA
Valiente, curioso, profundo, aventurero, desinhibido, inventivo.

ÁRBOL/MADERA
Lleno de energía, flexible, espontáneo, creativo, pensativo, paciente, sensible.

FUEGO
Calmado, adaptable, amable, cariñoso, pacífico, social, despreocupado, encantador, inspirador.

SUELO/TIERRA
Entregado, comprensivo, hábil, simpático, apasionado, digno de confianza, estable.

METAL
Centrado, responsable, detallista, estable, lógico, perspicaz, ocurrente, optimista, práctico.

Feng Shui

En esta sección describiré algunas de las cualidades sustentadoras de cada elemento para que puedas integrarlos en tu hogar. Trataré del color, del estilo, de la iluminación, de las imágenes y de los remedios Feng Shui. Estos consejos pueden utilizarse de dos maneras.

Identifica qué elemento intentas reforzar con vistas a tu salud, y prueba los remedios que se detallan a continuación o resalta su presencia por un período de diez a treinta días.

En el capítulo 9, cuando trabajes con las aspiraciones de tu vida, consulta también, para más detalle, este apartado.

Agua

Para potenciar este elemento en tu hogar, deberás centrarte en la naturaleza yin del agua, profunda, calmada, quieta, suave y ondulante. Prueba en casa las ideas siguientes.

Color: Negro, azul marino

Estilo: El trazado ideal es suave y ondulado. Evita las simetrías. Pon muebles con abundantes curvas y bordes redondeados.

Iluminación: Reductores de intensidad, luces para agua con bases oscuras o azules.

Imágenes: Imágenes que invoquen el espíritu contemplativo, la quietud y todos los temas relacionados con el agua.

Remedios: Algún tipo de fuente: acuario o pecera redonda, o bien una fuente.

Árbol/Madera

Para potenciar este elemento, piensa en los atributos de frescura, ligereza, actividad y enfoques nuevos.

Color: Verde, azul claro.

Estilo: Luminoso, moderno, fresco y estimulante.

Iluminación: Luces indirectas que miren hacia el techo.

Imágenes: Dibujos, pinturas, fotografías y carteles que evoquen acción y movimiento.

Remedios: Plantas.

Fuego

Para potenciar este elemento deberás inspirarte en lo cálido, lo llamativo, lo inesperado y lo vibrante.

Color: Rojo, púrpura, lavanda, violeta, rosa y celeste.

Estilo: Cálido, confortable y no convencional.

Iluminación: Velas, luces de magma activo, especialmente con bases o interiores rojos, púrpuras o rosas.

Imágenes: Pinturas o carteles modernos y con colores. Imágenes que transmitan emociones apasionadas.

Remedios: Velas, chimenea.

Suelo/Tierra

Para potenciar este elemento, la cualidad en la que deberás concentrarte es la estabilidad. Necesitas crear una sensación de seguridad y de energía «arraigada».

Color: Marrón, amarillo, naranja y gris ceniza.

Estilo: Funcional, abierto, habitaciones cuadradas o muebles cuadrados.

Iluminación: Lámparas de mesa, sobre todo las de base baja y robusta, en colores dorados, naranjas, amarillos o marrones.

Imágenes : Paisajes, montañas.

Remedios: Cristales naturales, jarros de arcilla, cerámicas, figuritas de barro.

Metal

Para potenciar este elemento en tu hogar, el espacio tiene que ser funcional, ordenado, minimalista y moderno, tanto en diseño como en trazado.

Color: Blanco, plateado, gris y dorado oscuro.

Estilo: Funcional, de bordes suaves y superficies lisas. Práctico y simple.

Iluminación: Focos.

Imágenes: Cualquier obra de arte con mucho detalle.

Remedios: Campanas tubulares, figuritas de bronce y monedas.

Los alimentos

Nuestro Feng Shui interior (el chi y la sangre) se alimentan de la comida diaria. No sólo es importante su composición química sino también su chi. Tras identificar el elemento que deseas fortalecer, lee el siguiente apartado y recuerda:

- **evitar o reducir al mínimo los alimentos que perjudiquen el elemento,**
- **aprovechar más el estilo culinario de ese elemento, e**
- **incorporar algunos de los ingredientes y sabores que aparecen en la lista.**

Esto sólo es un resumen general de una disciplina fascinante, pero, al menos, estos pequeños ajustes posibilitan una mayor toma de conciencia del chi de la comida.

Agua

Perjudicial: Reduce el consumo de alimentos fríos, bebidas heladas, frutas tropicales y helados.

Estilo de cocina: Potencia el atributo cálido de los platos cocinados a fuego lento en cacerola o en cazuela de barro.

Ingredientes: **Cereales:** trigo sarraceno, fideos soba. **Verduras:** aumenta el consumo de tubérculos de temporada. **Pescado:** marisco, como ostras, almejas, mejillones y langosta.

Sabor/aroma: Salado, sal marina, salsa de soja de fermentación natural.

Árbol/Madera

Perjudicial: Reduce el consumo de aceite, comidas grasas, fritos y alcohol.

Estilo de cocina: Rápida, al vapor o hervida sin tapar. Encurtidos y adobos.

Ingredientes: **Cereales:** trigo, avena, centeno. **Verdura:** puerros, cebolla tierna, ajos tiernos. **Pescado:** peces costeros, incluido bacalao, eglefino, halibut [especie de platija], y arenque.

Sabor/aroma: Amargo/encurtido, vinagre y sauerkraut (chucrut o col fermentada).

Fuego

Perjudicial: Evita el exceso de sal. Reduce el consumo de huevos, incluidos los huevos «escondidos» en pasteles, tartas y galletas.

Estilo de cocina: Fritos, sofrito, estilo wok [cazuela china], todos a fuego rápido.

Ingredientes: **Cereales:** maíz. **Verduras:** verduras de primavera, cardo, espinacas. **Pescado:** peces escurridizos como calamar, pulpo, salmón y angulas.

Sabor/aroma: Amargo/aceitunas, frutos secos tostados.

Suelo/Tierra

Perjudicial: Reduce o evita el azúcar y los lácteos. La peor combinación son los alimentos al horno con lácteos y azúcar como la tarta de queso.

Estilo de cocina: Fuego lento. Disfruta de la dulzura natural de los alimentos con la técnica del salteado.

Ingredientes: **Cereales:** mijo. **Verduras:** calabaza, cebollas, col y brécoles. **Pescado:** de río, como la trucha, la carpa y la perca.

Sabor/aroma: Dulce/mermeladas, frutas, conservas y castañas.

Metal

Perjudicial: Reduce o evita los alimentos excesivamente cocidos o quemados, incluidas las tostadas y las galletas. Reduce el consumo de grasa animal.

Estilo de cocina: Al horno, asados, al vapor y hervidos largo tiempo con la tapa puesta.

Ingredientes: **Cereales:** arroz, preferiblemente integral. **Verduras:** diente de león, col y berros. **Pescado:** peces activos y compactos como las sardinas y los boquerones.

Sabor/condimento: Con especias. Jengibre y mostaza.

Las bebidas

Dado que estamos formados por un 60 por ciento de líquido, la cantidad y la calidad de lo que bebemos es vital para nuestro bienestar. Las siguientes sugerencias te mostrarán qué tipos de bebidas tomar según el elemento que desees reforzar.

Agua: Evita el hielo o tomar demasiado líquido. Toma bebidas calientes. Las bebidas elaboradas con raíces, como las de diente de león, son muy beneficiosas.

Árbol/Madera: Las bebidas efervescentes, amargas o picantes son excelentes. Es una buena costumbre tomar zumo de limón o añadir una rodaja de limón al agua.

Fuego: Las bebidas tienen que hacer entrar en calor. Las mejores son las bebidas calientes de sabor amargo, como las que se hacen a partir de cereales o la achicoria.

Suelo/Tierra: Toma bebidas calientes y dulces. Las infusiones endulzadas con miel son muy beneficiosas. El zumo natural de manzana caliente es ideal.

Metal: Intenta evitar los zumos de fruta helados y la leche de soja fría. Incorpora el sabor picante del jengibre a tus bebidas (con jengibre fresco, no en polvo).

El ejercicio

El ejercicio es vital para aumentar el suministro de oxígeno a la sangre, a los pulmones y al cerebro. También acelera el metabolismo del cuerpo, lo que, a su vez, permite que los procesos de eliminación y evacuación se activen y vayan más deprisa. Se puede reforzar cada uno de los elementos con cinco tipos de ejercicios distintos.

Agua: Ejercicios placenteros (nadar es perfecto). También son beneficiosos los ejercicios que se realizan en el agua, como remar.

Madera/Árbol: Lo ideal es hacer ejercicios que ayuden a adquirir más flexibilidad, que refuercen los reflejos y se concentren en la mitad superior del cuerpo, como el tenis y otros juegos de pala o raqueta.

Fuego: Cualquier ejercicio que haga entrar en calor, que sea vigoroso y en el que haya interacción social, como son los deportes de equipo.

Suelo/Tierra: Tiene que tratarse de ejercicios que «estabilicen» y que conlleven estar en contacto con el suelo, como caminar, pasear o correr por el campo.

Metal: Para reforzar este elemento, tendrás que desarrollar la concentración, así como ensanchar los pulmones y fortalecer el abdomen con deportes como el golf o el ciclismo.

Las vacaciones

Todos necesitamos tomarnos vacaciones para recargar y revitalizar el chi. Sin embargo, antes de planificar tus próximas vacaciones, piensa en qué elemento necesitas reforzar en la actualidad. He aquí unas cuantas ideas que te ayudarán a planear unas vacaciones diferentes.

Agua: Tienen que ser unas vacaciones profundamente relajantes, en un entorno caluroso, junto al mar y en el que te sientas mimado. El elemento Agua puede también reforzarse mediante la quietud y alguna forma de retiro. Por lo tanto, sería terapéutico ir a un balneario, o planificar unas vacaciones que te proporcionen conciencia emocional y espiritual, como los retiros y los seminarios de psicoterapia.

Madera/Árbol: Tienen que ser unas vacaciones muy activas y con ejercicio físico. Tómate un descanso que sea energético y que suponga cierto desafío, como la navegación a vela, el senderismo, o explorar.

Fuego: Para reforzar el elemento Fuego, deberás recurrir a cualquier actividad que sea divertida y en la que puedas relacionarte. Tómate unas vacaciones con amigos o compañeros de trabajo en las que haya abundante ejercicio físico y vida social. Un ejemplo perfecto es el esquí.

Suelo/Tierra: Para reforzar este elemento, tómate unas vacaciones tranquilas y de ritmo lento. Lo ideal son las típicas vacaciones en familia, en un entorno rural, donde te hagas tu propia comida y disfrutes de cierta vida social.

Metal: Tienen que ser unas vacaciones prácticas y educativas a la vez. El Metal está relacionado con la concentración y con el detalle. Esto puede interpretarse como una visita turística o unas vacaciones educativas. Para algunos parecerán unas vacaciones solitarias, pero pueden permitir mucha actividad en los climas fríos.

El ocio

Los distintos tipos de actividades para el tiempo libre que nos atraen tienen cada uno un chi concreto. De las muchas posibilidades que tenemos para elegir, he aquí unos cuantos ejemplos basados en los Cinco Elementos. El tipo de chi que experimentamos en estas actividades puede potenciar, estimular y revitalizar el elemento implicado.

Agua: Entran en esta categoría las formas de ocio sedentarias. Los entornos oscuros y tranquilos también refuerzan el elemento Agua. El cine es un buen ejemplo, sobre todo si las películas son románticas o de ficción científica.

Madera/Árbol: Aquí el ocio tiene que ser vigorizante, absorbente e incluso vocal. Recuerda que la mejor manera de liberar la energía del hígado/vesícula biliar es gritando. Ver un partido de fútbol, rugby o de cualquier otro deporte de equipo que conlleve animar y gritar es una actividad ideal. También es muy bueno liberar emociones a través de la risa, por lo que las películas de humor o el teatro cómico son muy recomendables.

Fuego: Aquí tenemos que buscar una forma de ocio en la que podamos liberar y expresar nuestra pasión. El caudal de emociones que experimentamos en la ópera es un reflejo de la energía del Fuego y del corazón. El ocio que conlleve la compañía de otros, como el baile y los clubes nocturnos, también es ideal.

Suelo/Tierra: La naturaleza estable, cálida y compasiva de la Tierra necesita apoyarse en la vida social. Toda forma de ocio que comporte estar con gente en un ambiente social, en especial alrededor de una buena comida, es muy beneficiosa. Salir a cenar y recibir amigos en casa también son buenas opciones.

Metal: Este elemento simboliza la concentración, y desde el punto de vista del ocio, abarca actividades que requieran atención y soledad. Ejemplos de ello son ver televisión, comunicarse a través de Internet o asistir como espectador a deportes que conlleven concentración, como las carreras de caballos y el automovilismo.

La comunicación

El tipo de relaciones que nos atraen o que establecemos tienen la capacidad de fortalecer o debilitar cualquiera de los Cinco Elementos. A continuación, describiré los atributos positivos de cada uno de ellos para que los integres en tu forma de comunicación con los que te rodean durante un período de treinta días.

Agua: La mejor expresión para el Agua es la íntima y profunda. A menudo hay una cautela inicial seguida por un lento y progresivo acercamiento a los demás.

Madera/Árbol: La energía ascendente del amanecer y de la primavera se expresa en un enfoque independiente y libre de las relaciones. Habitualmente, la comunicación es espontánea, energética y vivaz.

Fuego: El fuego se expresa con unas relaciones despreocupadas, alegres y sociables. Expresar la pasión que alguien nos inspira es el mejor ejemplo de la naturaleza del Fuego.

Suelo/Tierra: Fomentar las relaciones de apoyo, que alimenten emocionalmente y en las que haya cariño es la mejor expresión de las cualidades de la Tierra. Expresar compasión, afecto y saber escuchar potencian este elemento.

Metal: La auténtica naturaleza del Metal se manifiesta en relaciones que sean intelectualmente estimulantes, claras e intensas. Además de estas cualidades, el compromiso y la confianza son atributos positivos.

Los climas

Elegir un clima o determinadas condiciones meteorológicas predominantes para apoyar uno de los elementos resulta muy beneficioso. Si tienes en cuenta cuál es el elemento que quieres reforzar a la hora de planear unas vacaciones, un corto descanso o incluso un cambio de residencia, obtendrás resultados muy positivos.

Agua: Clima frío.

Madera/Árbol: Ventoso y fresco.

Fuego: Cálido.

Suelo/Tierra: Húmedo.

Metal: Seco y árido.

La ropa

Lo que elegimos ponernos cada día depende, básicamente, del humor con que nos levantamos. Lo ideal sería tener un amplio guardarropa para potenciar y fortalecer el elemento que deseáramos ese día en concreto. He aquí algunas ideas, basadas en los colores y en el estilo, para potenciar un elemento. Fíjate qué tipo de ropa te atrae en la actualidad: ¿es el reflejo de un reequilibrio intuitivo, o es que te atraen colores y estilos que reflejan el desequilibrio actual?

Agua: Los colores oscuros, en especial el negro y el azul marino, potencian este elemento. Recuerda que muchos de los puntos de acupuntura relacionados con los riñones y la vejiga urinaria se encuentran en los pies y en los tobillos, por lo que el calzado tiene que proteger y dar calor a esas zonas.

Madera/Árbol: Todos los tonos de verde y azul pálido potencian el elemento Madera. Las rayas verticales, los colores brillantes y la ropa de algodón fresca son perfectos. La energía de la Madera simboliza el amanecer, la primavera y los nuevos inicios, por lo tanto, todo lo que esté de moda es beneficioso.

Fuego: Todos los tonos de rojo, púrpura, malva, violeta, naranja y rosa incluidos, son perfectos, aunque esos colores sólo se utilicen con moderación, como en el caso de una corbata, un pañuelo o una joya. El estilo del Fuego suele ser ostentoso y extravagante. Te pongas lo que te pongas, llamarás la atención.

Suelo/Tierra: Los colores ideales son los cremas, los amarillos y los dorados. El estilo tiene que ser cómodo, práctico y cálido. Para potenciar este elemento, utiliza la lana, el terciopelo, la pana, las prendas de confección casera y las rayas horizontales.

Metal: La gama de colores para este elemento va del blanco al gris. El estilo es siempre conservador, formal, limpio y aseado. El metal se expresa mediante la frescura, la firmeza, el detalle y los tejidos brillantes como la seda y el satén. Los trajes de noche entran dentro de esta categoría.

Las terapias

Las terapias son poderosas herramientas de autodescubrimiento y, de una manera amplia, están relacionadas con uno de los Cinco Elementos. Si actualmente practicas alguna terapia o has pensado en hacerlo, advierte, de una forma objetiva, qué elemento se expresa a través de cada una de las prácticas concretas.

Agua: Todas las formas de curación vibratoria, la imposición de manos y el reiki son de naturaleza Agua. Las terapias que ahondan en nuestro pasado como el «rebirthing» y la regresión a las vidas pasadas también son Agua.

Madera/Árbol: En este caso, la terapia más beneficiosa tiene que ser energética. En mi opinión, un buen ejemplo es la bioenergética, en la que el elemento Madera es estimulado mediante una serie de ejercicios físicos en grupo a fin de expresar verbalmente las emociones de una manera espontánea.

Fuego: Las terapias que conlleven el trabajo de grupo, como la psicoterapia de grupo, tienen una naturaleza de Fuego. Recuerda que la esencia del Fuego es su absoluta expresión exterior, seguida de períodos de calma en que la energía se va acumulando hasta su nuevo momento de máxima expresión.

Suelo/Tierra: En esta categoría se encuentran las terapias de cuidado del cuerpo, como el shiatsu, la reflexología y la aromaterapia.

Metal: La disciplina y el detalle de la acupuntura son Metal por naturaleza. La intensidad y la profundidad de la hipnoterapia y de la psicoterapia individual son un reflejo de la capacidad de concentración de este elemento.

Los aceites esenciales

El empleo de esencias y olores ha estado presente en muchas culturas durante siglos. Sin lugar a dudas, este es nuestro nivel más primitivo de percepción sensorial, y los efectos sutiles de los aceites esenciales penetran en el nivel más primitivo de nuestra conciencia, situado en el cerebro límbico. La fragancia de los aceites esenciales penetra de manera sutil en la psique y estimula el chi.

Necesitarás un quemador de aceites. Pon entre 5 y 15 gotas de los aceites recomendados en agua mineral y coloca la mezcla en el recipiente. Sitúalo encima de una vela encendida, en el centro de la habitación. Estos aceites también son muy beneficiosos utilizados en el baño, o diluidos en una base de aceite adecuada para aplicarlos en los masajes.

Agua: Tomillo, jazmín, sándalo.

Madera/Árbol: Manzanilla, lavanda, pomelo.

Fuego: Romero, ylang-ylang, árbol del té.

Suelo/Tierra: Hinojo, limón, incienso.

Metal: Eucalipto, pino, ciprés.

Estiramientos de los meridianos

Las series de ejercicios siguientes tienen como objetivo estirar el cuerpo de manera que los meridianos, o líneas de energía del cuerpo, reflejos de cada uno de los elementos, reciban un buen estiramiento. No te extrañe notar que el elemento en el que más necesites trabajar sea el que te plantee más dificultades. Sé perseverante, y exhala siempre que realices el estiramiento. Relájate, inhala y repite el estiramiento entre 8 y 10 veces. Fíjate en los resultados tras un período de entre 10 y 30 días de práctica.

Agua: Siéntate confortablemente en el suelo, con la espalda recta y las piernas juntas. Estira los brazos para tocar la base de los dedos de los pies, o la planta de los pies, o la parte interior de los tobillos. Mientras exhalas el aire, inclínate suavemente hacia delante y estírate hacia los tobillos. No te estires en exceso ni llegues al límite. Nota los puntos de tensión y relájalos exhalando. Mantén las piernas bien rectas, sin doblar las rodillas, y los tobillos rígidos, con las puntas de los dedos apuntando hacia el torso.

Madera/Árbol: Sentado en el suelo, con la columna vertebral erguida, abre las piernas todo lo que te sea posible. Tensa los tobillos haciendo que los dedos de los pies apunten hacia atrás, hacia tu torso. Mientras exhalas, entrelaza las manos y estírate de una sola vez y despacio hasta tocar los dedos de uno de los pies. Inhala, vuelve a llevar los brazos al torso y, mientras exhalas, estírate hacia el tobillo opuesto y repite el proceso.

Fuego: Sentado en el suelo, con la espalda erguida, dobla las rodillas y junta las plantas de los pies. Entrelaza las manos sobre los pies y tira de los talones hacia la entrepierna. Inhala hondo y, al exhalar, estírate hacia delante e intenta acercar la frente al dedo gordo de los pies. Relájate, inhala y repite el ejercicio.

Suelo/Tierra: Para este ejercicio, tendrás que sentarte sobre los talones con las rodillas hacia delante. Si es posible, coloca los talones a cada lado de las nalgas. Estira los brazos por encima de la cabeza y échate despacio hacia atrás hasta que puedas apoyarte en los codos. Si no hay demasiada tensión en los muslos o en la parte baja de la espalda, desciende hasta el suelo y deja que tus brazos descansen sobre la cabeza. Si te mantienes 2 o 3 minutos en esta posición, te será muy beneficiosa, exhalando y relajando cualquier tensión. Si al principio te resulta difícil, siéntate en la posición inicial y estira sólo los brazos hacia arriba.

Metal: De pie, con la espalda recta, las piernas rectas y los pies y los tobillos juntos, junta las manos por detrás de la espalda. Inhala y, mientras exhalas, dóblate hacia delante, manteniendo rectas las piernas y, al mismo tiempo, levanta los brazos todo lo que puedas. Respira y regresa a la posición inicial. Repite el ejercicio varias veces.

Visualización

La visualización es una poderosa herramienta que se utiliza para coordinar la mente, el cuerpo y el chi. Primero, busca un rincón tranquilo, cierra los ojos y presta atención a tu respiración. No empieces el proceso de visualización hasta que no te sientas respirar con el abdomen. En este estado relajado, concéntrate en una de las cinco imágenes que describiré a continuación para reforzar cada elemento concreto. Intenta llevar la imagen a tu mente, permitiendo que los pensamientos discurran sin aferrarte a ellos.

Agua: Imágenes de semillas, silos, cosechas.

Madera/Árbol: Visualiza brotes, tallos, hojas nuevas.

Fuego: Visualiza capullos que se abren y flores en su máximo esplendor.

Suelo/Tierra: Visualiza el fruto y la semilla del interior de éste.

Metal: Visualiza las hojas otoñales o las raíces del árbol.

Música

En el plano sensorial, la música tiene el potencial de estimularnos, aunque también puede utilizarse para reforzar lo que sentimos en un momento concreto. Piensa en las veces en que ciertas canciones o temas musicales te han entristecido o preocupado y las veces en que esos mismos temas se han adaptado a tu estado de ánimo. ¿Qué tipo de música te atrae en la actualidad? He aquí algunas ideas y estilos musicales para escuchar según qué elemento se quiera reforzar.

Agua: Soul, reggae.

Madera/Árbol: Música clásica, instrumentos de cuerda y de madera. Flautas peruanas.

Fuego: Jazz, ópera.

Suelo/Tierra: Música country, folk, baladas.

Metal: Música militar, rock, house.

Recreo

He aquí algunas generalizaciones sobre formas de recreo que pueden potenciar los distintos elementos. Recreo es una hermosa palabra que, literalmente, significa re-crear. En una situación ideal, tu fuente de recreo vendría determinada por la actividad necesaria para recargar o estimular tu chi. Lo mejor es elegir algo completamente distinto al trabajo. Eso significa, por ejemplo, que si te pasas las jornadas laborales con cifras, detalles y plazos de entrega (Metal), tu recreo tendría que ser una actividad absolutamente opuesta a lo anterior (no ver televisión o conectarse a Internet, por ejemplo).

Agua: Un recreo suave, relajante y profundo, como la meditación, la aromaterapia o un largo baño caliente.

Madera/Árbol: Un recreo que sea vigorizante, físico y espontáneo. Vale decir, cualquier deporte.

Fuego: Un recreo que haga entrar en calor, sea estimulante y sociable, como los deportes, las fiestas o la diversión en grupo.

Suelo/Tierra: Recreos estabilizadores. Son, por lo general, actividades que se realizan en casa, como la jardinería, dedicar el tiempo a la familia o completar tareas inacabadas.

Metal: Un recreo que conlleve precisión, concentración y detalle. Para muchos de nosotros, cualquier forma de estudio o de investigación.

Digitopuntura

La digitopuntura es muy fácil y no necesitarás un especialista cualificado. ¡Tú eres tu propio terapeuta. Hay que aplicar la presión entre 4 y 6 segundos. Recuerda siempre exhalar el aire mientras aplicas la presión, repetir al menos ocho veces, y no olvidar el punto correspondiente en la otra mano, pierna, dedo o pie. Sus efectos se dejan sentir más por la mañana, después de despertar, aunque puede practicarse en cualquier momento del día que te tomes un respiro, y al anochecer, pero no inmediatamente antes de dormir.

Agua: Riñón, punto nº 1. Situado en la planta de cada pie, en el hueco que se encuentra bajo las almohadillas del pie. Si cierras la parte superior del pie, se formará una pequeña cavidad natural precisamente en el lugar donde se encuentra este punto. Es uno de los puntos más profundos de la reflexoterapia, y tendrás que aplicar una cantidad de presión razonable para despertarlo.

Árbol/Madera: Hígado, punto nº 1. Situado en la parte interior del dedo gordo del pie (junto al segundo dedo). Busca el lugar donde la uña se une con la carne. Presiona con firmeza en la zona, con el pulgar o con la uña de éste.

Fuego: Corazón, punto nº 9. Se encuentra en el borde interior del dedo meñique (junto al dedo del corazón), donde la uña se une con la carne. Aplica presión con el pulgar de la mano opuesta.

Suelo/Tierra: Bazo/Páncreas, punto nº 6. Este punto está situado en la cara interna de la pierna, justo encima del hueso del tobillo. Recorre con los dedos la cara interna del hueso de la pantorrilla, desde el tobillo hasta la rodilla. Pasa los pulgares por encima de la zona y aplica presión.

Metal: Intestino grueso, punto nº 4. Este punto está situado en el valle carnoso que hay entre el índice y el pulgar. Pon el pulgar de la mano opuesta en esa zona, busca el punto y aplica presión mientras sueltas el aire.

Cuarta parte

El Feng Shui
y tu casa

Capítulo 9

El Feng Shui y el chi

En las dos partes anteriores, has tenido la oportunidad de situarte en el mapa. Tras conocer quién eres mediante el sistema astrológico de las Nueve Estrellas, te ha sido posible determinar:

1. Tu carácter y tu potencial,

2. Dónde está tu chi este año en el sistema de las Nueve Casas, y, por último,

3. Qué direcciones te darán este año unas mayores oportunidades de éxito si fluyes con la corriente.

Todo ello forma los componentes de cualquier viaje, ya sea real, planeado o metafórico. En la Tercera parte te he enseñado a evaluar el estado actual de tu chi, es decir, tu estado físico. ¿Cómo se manifiesta esto aplicado a la salud y a la autoexpresión? ¿Qué dieta, tipos de actividad y remedios Feng Shui pueden fortalecer y apoyar tu chi en el momento presente?

Después de haber valorado tu relación con el tiempo y la calidad de tu entorno interior a partir del chi, ha llegado el momento de estudiar lo que te rodea y tu casa para ver si están en armonía con tu sueño y tu viaje actuales.

En la práctica, todo estilo o sistema de Feng Shui sobre los que tal vez hayas leído, tienen un factor en común. Al derivarse de la Escuela de la Forma de Feng Shui, trabajan con los rasgos topográficos evidentes del entorno de la casa y tienen en cuenta cómo entra en ella el chi, cómo circula por su interior y, en consecuencia, cómo apoya a sus ocupantes. El método de la Escuela de la Forma nos da la oportunidad única de estudiar el mapa de nuestro entorno (la topografía, la disposición, e incluso cómo afecta el chi a la zona en las diferentes horas del día o en las distintas épocas del año). Más adelante, en el capítulo 9, estudiaremos los aspectos de la Escuela de la Brújula con la que podrás depurar más la técnica. No obstante, primero debemos familiarizarnos con el territorio.

Como el Feng Shui tiene por objetivo captar el espacio desde una perspectiva del chi o vibratoria, es una disciplina muy sutil. Sin embargo, es un sistema muy poderoso y, al igual que otras formas de curación vibratoria, sus efectos son duraderos.

Hoy en día, se da una interesante interacción entre la práctica del Feng Shui y otros métodos energéticos de sanación, como el shiatsu, la medicina china, la homeopatía, la reflexoterapia, la aromaterapia, las flores de Bach y el reiki. Para aprovechar al máximo las ventajas de cualquiera de estas disciplinas, el especialista siempre recomendará a los pacientes que cuiden de sí mismos para apoyar los cambios sutiles que están propiciando. La mayor parte de especialistas dirá que estimular en exceso el cuerpo con cafeína, chocolate, azúcar y comidas especiadas, o que sensibilizar el cuerpo con exceso de lácteos y productos animales, hará más lento el potencial para que se den cambios más profundos y sutiles.

Este proceso también se refleja en el Feng Shui. Una buena sintonía con los remedios Feng Shui se logra después de haber abordado la «imagen general». Si primero nos dedicamos a equilibrar el chi de nuestra casa, los resultados serán mejores.

Un buen suelo en el que plantar las semillas es también importante. El primer trabajo que hace un campesino o un jardinero es preparar el suelo. ¿Está bien abonado? ¿Es lo bastante alcalino? ¿Cuánta humedad tiene?

Desde el mismo enfoque, prepararemos la casa para que aquellos aspectos del Feng Shui que veremos en este capítulo se combinen de manera efectiva, mediante un ajuste fino, con el trabajo previamente realizado con el chi en las partes segunda y tercera de este libro.

El mapa del territorio

Para este ejercicio introductorio, como en cualquier otra forma de Diagnóstico oriental, tendrás que ser lo más objetivo que puedas e intentar distanciarte lo suficiente de tu espacio vital a fin de ver más claramente los problemas. La mejor manera de estudiar el chi de tu entorno inmediato y de tu comunidad es dar un buen paseo por la zona y tomar nota de las siguientes zonas sobre las que tendrás que reflexionar.

PASO 1

Desde la perspectiva más amplia que te sea posible, valora qué tipo de chi tiene la localidad en que vives. Las características de este chi atraerán a ciertos tipos de vecinos. ¿Es una zona tranquila, retirada, segura, o es ruidosa, vibrante y frenética? ¿Es un lugar que atrae a estudiantes, parejas jóvenes, familias o personas mayores? Las casas, ¿están ocupadas por personas estables que llevan generaciones ahí, o atrae a personas que las alquilan por poco tiempo? Sea cual sea el tipo de chi o actividad que predomine en tu zona, sin lugar a dudas también te influirá.

> ***Generamos y desprendemos chi constantemente y, con el tiempo, nuestro entorno inmediato empieza a absorberlo.***

PASO 2

A continuación, te aconsejo que estudies el chi de tu localidad en momentos distintos del día y de la semana. Esto es especialmente útil si quieres comprar o alquilar una casa nueva. Aunque tal vez te atraiga la tranquilidad de una soleada mañana de domingo, quizá cuando te hayas mudado descubras que los lunes por la mañana el tráfico es excesivo. Por lo general, todos tenemos en cuenta estos factores cuando vamos a trasladarnos de zona, bien porque nos atrae geográficamente, bien porque ya estamos familiarizados con ella. Quizá llevamos años soñando con un lugar como ése para fijar nuestra nueva residencia. A menudo, es esa visualización y la idea clara de lo que buscamos lo que nos lleva a un resultado satisfactorio.

PASO 3

Desde un punto de vista objetivo, fíjate también en cómo está ubicada tu casa con respecto a los edificios contiguos. ¿Está como encajonada y los otros edificios le tapan la luz? ¿Recibe la casa abundante sol, lo cual proporciona una carga natural de chi para el hogar y sus ocupantes? Según la antigua Escuela de la Forma, ¿hay detrás un cerro o montaña que te apoye y te aporte protección? En realidad, esto puede ser otro edificio, una pared, una valla o un ligero talud cuesta arriba detrás de la casa.

PASO 4

Comprueba qué tipo de edificios tienes en la proximidad. ¿Hay una escuela o un parque recreativo? El chi de estos edificios y de estos espacios evoca la poderosa energía de la madera (crecimiento, resistencia, renovación y espíritu primaveral). ¿Vives frente a un solar vacío que espera ser reconstruido? Los desperdicios, el estancamiento del lugar puede afectar a tu chi de una manera más bien yin. ¿Es la calle de tu casa tranquila o hay mucho tráfico? Todas las calles, carreteras y caminos están relacionados con el movimiento del chi, del mismo modo que los textos tradicionales asociaban el movimiento con los cursos de agua. Las calles ajetreadas y ruidosas son formas yang del chi y suelen causar distracciones. En cambio, si vives en una calle sin salida, el chi será más tranquilo, pero podrá estancarse, por lo que hay que tener en cuenta cómo influirá este factor en la salud, la profesión y el viaje de la vida en el momento presente.

Resumiendo: en esta fase inicial de valoración del chi de tu localidad, te aconsejo que te dejes llevar por la intuición. Piensa primero qué es lo que te atrae de una zona concreta. Con frecuencia, lo que nos atrae de un entorno se refleja en nuestro chi de ese momento. Nuestro chi y nuestro estado físico pueden colorear la intuición y hacer que nos sintamos atraídos por casas y localidades que reflejen la expresión interna de nuestro chi.

El chi histórico de tu vivienda

La historia de tu casa puede afectar a tu chi y a tu viaje por la vida de dos maneras distintas. Primera, a todos puede afectarnos el chi de los ocupantes anteriores y, segunda, el trazado, el diseño y la utilización del edificio, si ha sido reconvertido, también influirá en nuestro chi.

Tal vez hayas entrado de manera inesperada en la cocina de unos amigos y, al cruzar la puerta, hayas descubierto que se hallaban enzarzados en una violenta disputa. Al entrar, han callado, pero el chi que hay en la estancia puede cortarse con un cuchillo. A este chi lo llamaremos vibración energética. En un plano más sutil, generamos y descargamos chi constantemente y, con el tiempo, el entorno empieza a absorberlo. Nuestras pautas de conducta, nuestras emociones, nuestros hábitos, etcétera, generan naturalezas de chi que son esencialmente yin y que, con el tiempo, pueden ser absorbidas por los elementos más yang del entorno (los ladrillos, la piedra, las vigas, el cemento, el yeso y, por supuesto, los elementos de decoración de naturaleza blanda, como las alfombras y las cortinas).

Averigua todo lo que puedas sobre los ocupantes anteriores de tu espacio. Aunque tú no lo sepas, vuestros viajes respectivos se han entrelazado. ¿Era una pareja joven que ha triunfado, ha necesitado más espacio y se ha mudado a una propiedad más cara? ¿Era una familia que, al tener otro hijo, ha tenido que trasladarse a un lugar con más espacio? ¿Era una pareja anciana que disfrutó de buena salud en sus últimos años? ¿Se habían separado o divorciado los ocupantes anteriores? ¿El ocupante anterior se arruinó y la casa le fue hipotecada? Como es natural, deberás elegir los mejores elementos de su viaje y no permitir que te distraigan las cualidades potencialmente perjudiciales del chi que ha quedado en el lugar.

En cualquier caso, es aconsejable valorar la validez de realizar una limpieza ritual antes de ocupar una nueva vivienda. En el capítulo 10 encontrarás ideas para llevarlas a cabo. Se trata, básicamente de limpiar las telarañas de chi viejo y de imprimir el tuyo, tu sueño, tu visión de futuro en ese espacio nuevo. La limpieza del espacio es también muy importante cuando se alquila una casa amueblada o cuando se pasa una noche en un hotel. En resumidas cuentas, se trata de purificar ese espacio y de marcar el tono de tu chi, que es el que te apoya a lo largo de tu viaje.

La «puerta» del chi

La casa es como un organismo vivo, respira. El principal alimento de la casa es el chi, y la circulación armónica del chi dentro de ella es de vital importancia para la salud y el éxito en la vida. Metafóricamente hablando, la puerta principal es la boca de la casa, a través de la cual entra el chi, por lo que hay que prestar especial atención a lo que rodea a la puerta, tanto por fuera como por dentro. La puerta principal es donde realizamos la transición del mundo exterior al interior, y a la inversa. Por la puerta no sólo entra buen chi o mal chi, sino también las nuevas posibilidades y oportunidades. Desde una perspectiva yin/yang, la casa representa muchos de los elementos yin. Es el lugar donde nos retiramos, descansamos, recargamos la energía y volvemos a crear nuestro chi. No necesitamos los aullidos de una ventisca de chi en nuestro espacio que nos llene de confusión, pero sí necesitaremos algo más que un pequeño riachuelo de chi que nos dé un potencial limitado.

Cuando el chi se aproxima a la casa, absorbe todas las cualidades del entorno inmediato de la puerta principal antes de introducirlas en la vivienda. Como pasamos mucho tiempo en casa en un estado vulnerable (durmiendo, comiendo o descansando), necesitamos tener sensación de seguridad, lo cual puede obtenerse poniendo algún tipo de protección en la parte delantera de la casa, como una valla, un seto, una verja, y árboles o plantas saludables, a ser posible en número impar mejor que plantados por pares.

A continuación, hay que mantener el jardín delantero, la calzada y la senda de acceso limpios de escombros o desechos, ya que algunas características de este chi muerto podrían entrar en la casa. También es aconsejable recoger las hojas muertas, y quitar o arrancar las plantas y los árboles muertos. No pongas el cubo de la basura junto a la puerta principal, y si tienes un gato que se dedique a cazar animales, asegúrate de que no deje pájaros o ratones muertos junto a la entrada.

La energía chi es como el agua de un río que fluye de manera ondulante. Por ello, cuando estudies el camino que lleva a la puerta de la casa, evita los diseños rectos y puntiagudos que, como una flecha, apunten a la puerta principal. Lo mejor es un camino serpenteante, pero, si esto no fuera posible, coloca macetas cilíndricas a ambos lados, de forma asimétrica, para conseguir un efecto ondulante. Los ángulos agudos generan un chi de naturaleza «punzante» que no invita a entrar en la casa.

El chi también tiene la capacidad de rebotar en las estructuras, y esta energía desviada se vuelve más concentrada y poderosa. Cuanto más dominante y puntiaguda sea la estructura, más fuerte será el rebote de chi. Tradicionalmente, a este chi se lo llama «cortante». Si hay edificios a menos de treinta metros de la puerta principal que desvíen un chi cortante hacia tu puerta de entrada, tendrás que poner remedio a la situación. El chi cortante puede proceder de las esquinas de los edificios adyacentes, cuyos ángulos de 90 grados apunten directamente hacia la puerta de tu casa, de los postes de teléfonos o de electricidad a menos de 30 metros de la entrada, del ángulo agudo de un tejado adyacente, de una farola o de un árbol enfermo. Para saber si hay algún chi cortante, lo mejor es detenerse en la puerta y mirar alrededor. El mejor instrumento de protección para contrarrestar el chi cortante es el espejo Bagua.

Este espejo, que puede conseguirse en tiendas especializadas en Feng Shui, tiene unos 7,5 centímetros de ancho, y en el círculo exterior muestra los trigramas del *I Ching* dispuestos en la Secuen-

El espejo Bagua

cia del Cielo Anterior. En el centro hay un espejo circular que desvía el chi cortante y, de este modo, protege la casa. Cuelga este espejo sobre la puerta o junto a ella, preferiblemente de frente a la fuente de chi cortante.

El chi no circula en una sola dirección. ¿Qué podemos hacer en la parte frontal de la casa para que dé la impresión de un chi protector, estimulante y sano? Poner, por ejemplo, macetas bien cuidadas y llenas de flores en las ventanas, ya que atraerán la mirada de los transeúntes y éstos mirarán la casa de una manera positiva. En cambio, un jardín delantero lleno de desechos, bicicletas y trastos viejos alentará a los que lo vean a transmitir un chi negativo a la casa.

Durante siglos, los chinos han colocado estatuas de animales a ambos lados de la puerta de la casa o de los templos, ya que representan estabilidad, protección y longevidad. En Occidente, muchas personas ponen leones, búhos o águilas a cada lado de la puerta de la casa por su simbolismo protector. En un plano más sutil, representan y transmiten un chi de protección.

Hay otras maneras de crear un chi más «estimulante» en la fachada de la casa y, sobre todo, junto a la puerta principal. En un mundo ideal, la puerta de entrada debería estar elevada, de tal manera que tendríamos que llegar a ella subiendo por un sendero o unas pocas gradas. Los números o nombres de la finca deberían situarse de manera que ascendieran hacia el lado derecho. Si, por ejemplo, el número de tu casa es el 104, el 0 tendría que ocupar el centro de la placa, el 1 situarse a la izquierda y un poco más abajo, y el 4 a la derecha, un poco más arriba.

También hay que tener presente la iluminación de la puerta de entrada. Lo mejor es que no esté a oscuras, que las lámparas no cuelguen hacia abajo, y que haya unos focos entre las plantas que iluminen el porche desde abajo. Si no es posible hacerlo, piensa en instalar un aplique junto a la puerta, y si la zona es oscura y poco acogedora, instálalo enseguida y déjalo encendido hasta que te vayas a dormir.

La puerta

Si vives en un piso o en un bloque de apartamentos, tendrás que fijarte en la puerta de éste. También deberás prestar atención a la puerta del edificio, ya que por ella es por donde entra, inicialmente, el chi. Si el apartamento tiene dos puertas, presta especial atención a la que más utilices, ya que el chi entrará más por ésta que por la otra.

Como es obvio, la puerta más protectora tiene que ser la más sólida, de modo que no te sientas vulnerable mientras recargas el chi durante el sueño y los períodos de descanso. Si quieres poner una puerta de cristal, lo mejor es que el cristal ocupe sólo la parte superior y no toda la puerta. Otra buena idea es tener dos puertas adyacentes que sean idénticas, ya que los estilos, paneles y cristales diferentes crearían una confusión en el chi que entra en la casa. Procura que la parte frontal de la casa esté limpia, sin telarañas, hojas secas o periódicos viejos. Comprueba que la puerta funcione correctamente, que no cruja o chirríe cuando la abras, que no sea difícil de abrir y que no tengas que cerrarla de un portazo. Estos fallos tendrían un efecto negativo en tu persona, y tus invitados también se sentirían incómodos. Asegúrate también de que sea fácil encontrar tu casa. ¿Tienes una placa con tu nombre, un timbre luminoso y que funcione? Por último, pon una alfombrilla o felpudo de buena calidad. En muchas culturas del mundo, desde las casas japonesas hasta los templos asiáticos, pasando por las mezquitas, la gente se descalza antes de entrar. Esto tiene una explicación muy sencilla. Al entrar en una atmósfera más yin y tranquila, dejas fuera el chi más estancado que has acumulado en tus viajes. Del mismo modo que lavamos las toallas con frecuencia, es aconsejable cambiar regularmente la alfombrilla de la entrada, ya que no sólo absorbe polvo y barro sino también abundante chi muerto.

El vestíbulo

Como el chi entra en la casa por la puerta principal, tiene que circular libremente por el espacio. Por tanto, mantén libre de obstáculos todos los pasillos que lleven al vestíbulo. Fíjate en cómo te sientes cuando entras en una casa que tiene una iluminación cálida, agradable, y en la que ves perfectamente hacia dónde vas. En cambio, la sensación será muy distinta si entras en un vestíbulo oscuro, lleno de cajas, bicicletas, periódicos viejos y zapatos. Para mejorar la calidad de tu chi y del chi de tus invitados, pon algo que atraiga sus miradas en el vestíbulo: una obra de arte que proporcione sensación de estabilidad o que sea acogedora o inspiradora. No sólo animará tu espíritu cuando entres sino que también será la última imagen que veas antes de salir.

La puerta de entrada ideal

- Asegúrate de que, desde la puerta de entrada, no se ve la puerta posterior. De ser así, el chi se precipitaría como un huracán por el interior de la casa para salir por la puerta de atrás. En este proceso, sería muy difícil que pudiera cargar las habitaciones, y simbolizaría pérdida de oportunidades en cuanto a actividades externas se refiere (profesión, empleo, relaciones con los vecinos, familiares y amigos). Para que el flujo de ese chi sea más lento, coloca campanas tubulares de metal o de madera en el pasillo que va de la puerta delantera a la trasera, colgadas del techo. Con esto lograrás que el chi circule más despacio. También puedes utilizar un biombo o una cortina.
- Procura que el cuarto de baño no se vea desde la entrada. Muchas casas tienen un lavabo o un armario ropero junto a la entrada principal. En este caso, ten siempre cerrada la puerta del baño. Para que la puerta parezca una ventana, coloca un espejo cuadrado de unos 12 a 15 centímetros de lado a la altura de los ojos en dicha puerta.
- Procura que desde la puerta de entrada no se vea el dormitorio. Los dormitorios tendrían que estar lo más lejos posible del ajetreado chi que circula cerca de la entrada. Todos nos sentimos más seguros durmiendo lejos de cualquier fuente de ruidos o de distracciones. De otro modo, la única solución inmediata es mantener siempre cerrada la puerta del dormitorio.
- Procura que, desde la entrada, no se vea la cocina ni a la persona que cocina. En el plano subconsciente si, al entrar en una casa, lo primero que vemos es la cocina, siempre estaremos pensando en la comida, lo cual puede crear una tendencia a comer demasiado y a la consiguiente obesidad. Si hay espacio para poner una puerta, piensa en la posibilidad de poner una con paneles de cristal, que proteja la cocina y al mismo tiempo permita que entre en ella la luz. También puedes poner imágenes que atraigan la mirada y distraigan la atención de la cocina y de la comida como, por ejemplo, cuadros de paisajes o fotografías familiares.

Las ventanas

El chi también entra en la casa por las ventanas, por lo que es aconsejable mantenerlas limpias para que el polvo y la suciedad no lo filtren. Al mismo tiempo, una luz solar excesiva puede crear sensación de agobio en la habitación y será necesario poner cortinas, persianas o postigos para frenar el excesivo resplandor. Las ventanas también tienen que ser proporcionales al espacio. Si hay pocas ventanas o son relativamente pequeñas, dejarán entrar menos luz y menos chi. Los ocupantes de este tipo de casas tenderán a sentirse más aislados, sedentarios o reservados. En cambio, las ventanas grandes en proporción al espacio suelen aportar demasiado chi a la casa, lo cual puede distraer o abrumar. Con frecuencia, los ocupantes de este tipo de viviendas se sentirán inquietos, les resultará difícil concentrarse y desearán pasar más tiempo fuera de casa,

Las ventanas ideales

- Las ventanas tienen que ser funcionales. Procura que todas estén en buen estado, que se abran con facilidad y se limpien con frecuencia.
- Las ventanas deben abrirse hacia fuera. Esto simboliza la absorción del chi y del aire limpio.
- Los tragaluces tienen que estar situados correctamente. Aunque suelen aportar soluciones prácticas para los espacios pequeños, hay lugares en los que no son adecuados. Evita dormir bajo un tragaluz, ya que esto provoca que tu chi se disuelva mientras duermes y que, al mismo tiempo, el poderoso chi de los cielos tenga un efecto demasiado altanero. También es aconsejable no situar los fogones bajo un tragaluz, ya que la energía de la comida se dispersaría por la claraboya. Es como cocinar sin utilizar una tapadera. Evita también colocar la mesa de trabajo bajo un tragaluz, porque tu chi, tus ideas y tu concentración se dispersarían. Si no hay otra solución, mueve la mesa hacia un lado del tragaluz para evitar la dispersión y aprovechar al mismo tiempo la luz.

gastando dinero. La arquitectura moderna, con su énfasis por los grandes ventanales, es el símbolo de una cultura que gasta demasiado y que vive de créditos.

El dormitorio

El dormitorio es el sanctasanctórum más íntimo y en el que somos más vulnerables mientras dormimos y recargamos el chi. Desde una perspectiva yin/yang, se trata de un espacio yin, tranquilo y silencioso. En él, necesitarás sentirte protegido y que no haya un poderoso chi que te distraiga. Al mismo tiempo, el chi tiene que circular sin problemas y el aire del espacio debe renovarse fácilmente. Lo ideal es tener el dormitorio lo más alejado posible de la puerta de entrada, como nuestros ancestros, que nunca dormían en la entrada de la caverna.

> *El dormitorio es tu santuario más íntimo, donde eres más vulnerable mientras duermes y recargas tu chi.*

El mueble más importante del dormitorio es, por supuesto, la cama, y la posición de ésta en relación con la fuente de chi que entre o salga de la estancia es de vital importancia para obtener un buen descanso nocturno. Al entrar en el dormitorio, mira dónde están situadas las ventanas. El chi tiende a desplazarse entre la puerta y la ventana, por lo que no deberás colocar la cama en línea con esta «fuga» de chi. Otro factor que hay que tener en cuenta es que, desde la cama, puedas ver la puerta, porque esto te dará una mayor sensación de seguridad. Si es factible, sitúa la cama lo más lejos que puedas de la puerta. Por último, evita dormir con la cabeza cerca de la ventana, ya que tu chi se dispersaría a través de ésta y, al despertar, te sentirías más cansado.

Si tienes un baño, lavabo o ducha adyacentes al dormitorio, asegúrate de que la puerta de éstos esté siempre cerrada mientras duermes. Mira en qué lado de la puerta del dormitorio están las bisagras. Lo ideal sería que la puerta se abriera libremente hacia dentro. En algunas casas eduardianas y victorianas era costumbre que las bisagras estuvieran del otro lado, por lo que al entrar, te encontrabas con una pared vacía. Esto daba una mayor intimidad al dormir, al cambiarse de ropa o al lavarse. Sin embargo, esta ubicación reduce el flujo de chi en el dormitorio.

Para proteger el chi mientras duermes, interiorizarlo y recargarlo, procura que la cama tenga una cabecera sólida y firme. La energía chi entra y sale del cuerpo por los pies, las manos y la parte superior del cráneo. Tener una sólida «montaña» detrás es más beneficioso que una pared fría y desnuda, o lo que es aún peor, el chi cortante de una cabecera barroca de metal.

Fíjate en la posición de la cama con respecto a la pared en la que se apoya. ¿Está en medio de ella? Esto es de vital importancia en la relación de las personas que comparten la cama, porque proporciona igualdad a ambas. Una cama compartida encajonada en un rincón de la habitación da más libertad de chi a la persona que está en la parte exterior, mientras que la que queda en la parte de dentro estará literal y simbólicamente contra la pared. Para una estabilidad y protección adicionales a la relación, puedes poner mesillas de noche iguales a cada lado de la cama. Asegúrate de que los bordes sean redondeados para que eviten cortar el chi enfocado hacia sus ocupantes.

Las vigas en el techo sobre la cama son una pesadilla para el Feng Shui. No sólo pueden ser una fuente de chi cortante sino que además, como sostienen el tejado o el piso que tienes encima, soportan una carga tremenda, y esta presión, genera un chi que se desplaza hacia abajo, presionándote directamente mientras duermes. He aquí unas cuantas soluciones que existen para este problema:

1. **Pintar las vigas para hacerlas «desaparecer».**
2. **Colgar dos flautas chinas de bambú unos 5 a 7,5 cm por debajo de la viga para suavizar la presión. El bambú es hueco, ligero y yin. Las flautas deben colgarse a un ángulo de 45° con respecto a la viga, con la boquilla apuntando hacia abajo.**

3. **Construir un techo falso.**
4. **Poner una tela, una cortina o un pareo que cubra las vigas.**
5. **Si vives en una casa en la que las vigas son uno de los mejores rasgos arquitectónicos del edificio, plantéate la posibilidad de comprarte una cama con dosel. Además de hacer juego con el estilo de la casa, el dosel te servirá de protección.**

Una de las cualidades que más deseamos en una relación larga es la estabilidad. Como la cama que compartes con tu pareja es el símbolo de esta relación, tiene que ser una cama estable. Las camas tambaleantes o que se caen a trozos hablan por sí mismas del estado de la relación. El colchón o futón sobre el que nos tumbamos tiene que limpiarse, airearse y cambiarse con frecuencia. Todos los complementos del mobiliario que son blandos, como las cortinas, las alfombras, las sábanas y sobre todo el colchón, absorben chi. Nunca se me ocurriría comprar un colchón de segunda mano. No podría dejar de preguntarme quiénes lo han utilizado antes. ¿Eran felices? ¿Estaban enfermos? ¿Han muerto en esa cama? ¡Mejor no saberlo!

Dado que el dormitorio es un entorno más yin, la iluminación que elijas necesita reflejar esta naturaleza. Lo mejor es una iluminación suave. Evita las lámparas de techo directamente sobre la cabeza, ya que podrían ser una fuente de chi cortante. Si tienes una lámpara de techo en el centro de la habitación, que simboliza el punto de equilibrio del espacio, asegúrate de que el diseño de la pantalla no cree un chi cortante. Las lámparas de techo terminadas en punta hacia abajo son las peores en cualquier habitación, pero, sobre todo, en el dormitorio.

Los colores deben hacer juego con la iluminación y tienen que ser suaves y cálidos. Los tonos pastel son mejores que los blancos y rojos brillantes, los negros intensos, etcétera. Si te gustan los colores intensos, intégralos en la decoración de la habitación pero en pequeñas cantidades: una colcha vistosa, una pantalla coloreada, un cordón para recoger las cortinas de color brillante, o una silla o taburete de las mismas características.

Un buen cabezal de cama es fundamental. También hay que fijarse en que la cama esté centrada respecto a la pared del fondo.

Los espejos suelen plantear problemas en los dormitorios, ya que estimulan el chi y dificultan el descanso, el relax y el sueño. En tiempos pasados, las personas no tenían espejos, o en caso de utilizarlos para vestirse, los ponían en una habitación contigua llamada «vestidor». En la actualidad, suelen estar en el dormitorio. Aunque son muy útiles como protectores y como potenciadores, pueden descargarte el chi mientras duermes. Evita dormir con tu imagen reflejada en el espejo. La peor ubicación es a los pies de la cama. Lo mejor sería quitar esos espejos, pero si no puedes, tápalos con una tela mientras duermes. Si necesitas un espejo grande para vestirte, plantéate la posibilidad de poner uno en la parte interior de la puerta del armario.

Tumbado en la cama, fíjate en lo que tienes delante y lo primero que ves al despertar. Tener una imagen que te inspire puede marcar el buen tono de la jornada. ¿Tienes una pintura o una ventana con una hermosa vista? ¿Te despiertas en medio de una habitación llena de cajas, armarios desordenados o estanterías con exceso de libros?

Despréndete regularmente del papel, de todos los periódicos y revistas acumulados.

Como ya hemos dicho, el chi no sólo circula por nuestro espacio sino que, además, nos carga con las dos fuerzas fundamentales del Cielo y de la Tierra. Después de controlar las vigas, la iluminación o cualquier otro obstáculo que se encuentre al otro lado de la cama, comprueba si hay algo que bloquee el chi de la energía que recibimos del suelo, y sobre todo, del espacio que hay entre la cama y la alfombra. Mantén limpia esa zona de cualquier objeto inútil que se acumule ahí.

Dado que el dormitorio es sobre todo un entorno básicamente yin, hay que reducir al mínimo el número de aparatos eléctricos que te conectan con tu ajetreo cotidiano, como los teléfonos, fijos o móviles, los faxes y los ordenadores. Los televisores, los vídeos, las radios de pilas y los despertadores digitales emiten unas frecuencias electromagnéticas que suelen alterar el sueño. El peor de todos es el televisor, y si no te queda más remedio que tenerlo en el mismo espacio en el que duermes, asegúrate de que está apagado y desenchufado cuando te duermas.

Para terminar, te aconsejo que pongas en práctica estas ideas un mínimo de diez días para notar los beneficios. Probar las cosas una sola noche no lleva a ningún tipo de resultado. Del mismo modo, y pese a las distintas opiniones con respecto a la posición de la cama, prueba por ti mismo y descubre la que te sea más satisfactoria. En todo esto hay mucho de sentido común y algo de intuición, y ciertamente hay muchas verdades científicamente probadas. Es tu espacio, y eres tú quien tiene que conseguir que te resulte beneficioso.

La cocina

En las culturas más tradicionales, la cocina tiene una importancia vital para la salud y el bienestar de la familia; incluso podría considerarse un lugar sagrado. De manera similar, nuestras abuelas y madres nos regañaban cuando nos entrometíamos en su espacio, ensuciando el suelo o chapuceando con las cacerolas mientras ellas preparaban la comida. La persona que cocina es la responsable de alimentar a la familia, y en los alimentos tienen su origen la sangre y el chi. En el Feng Shui tradicional la cocina estaba apartada del resto de la casa para protegerla de travesuras y del tráfico general. Cocinar es, sin lugar a dudas, una de las más altas expresiones del amor, y la cocina tiene que ser un espacio en el que puedas crear la salud de los tuyos en paz y tranquilidad.

Por ello, en la cocina no puede haber «fugas» de chi. Una fuga de chi sería tener la cocina en línea con la puerta delantera y con la trasera. La cocina tiene que ser un lugar donde quien prepare los alimentos se sienta retirado y libre de distracciones, por lo que lo ideal sería que estuviese lo más lejos posible de la puerta, aunque es aconsejable que el que la utiliza pueda verla para aumentar la sensación de seguridad. Si, por la estructura del edificio, no puedes hacerlo, pon un espejo que la refleje situado de forma que el cocinero o la cocinera vean la puerta. Recuerda que la energía chi no sólo entra por las puertas y por las ventanas sino que también se disipa con ellas. Evita tener el fogón bajo una claraboya o ante una ventana; la posición ideal es al lado de ésta. Fíjate en qué lugar se sitúa normalmente el cocinero para evitar que se halle en medio de un chi cortante, como el que producen los bordes puntiagudos de la mesa o algunos muebles. Otra fuente potencial de chi cortante es la campana extractora de humos.

En muchas culturas tradicionales, la cocina se considera vital para la salud y el bienestar de la familia; incluso puede verse como algo sagrado.

Desde los orígenes de la civilización hemos cocinado con fuego, y la versión moderna de esta llama es el gas, cuyo uso recomendamos en vez de la electricidad o el microondas. Mientras que la llama no altera el valor nutritivo de la comida, la electricidad y el microondas sí pueden hacerlo. Personalmente, no me gusta la falta de control visible que se da si utilizo microondas o electricidad. La llama es la expresión total de la energía del fuego, y como tal, representa el microcosmos de gran parte de lo que compone el chi de nuestra vida: el sol. Para decirlo de una manera rápida: cuando cocinamos estamos poniendo un poco de sol bajo los alimentos. Con conocimientos y práctica, podrás adaptar este fuego a tus necesidades. Si has perdido la costumbre de cocinar sin llama, te sugiero que te prepares la comida con un fogón de gas, aunque sea uno portátil de camping, para que veas cómo cambia el sabor de las comidas y la calidad del chi que recargas con los alimentos.

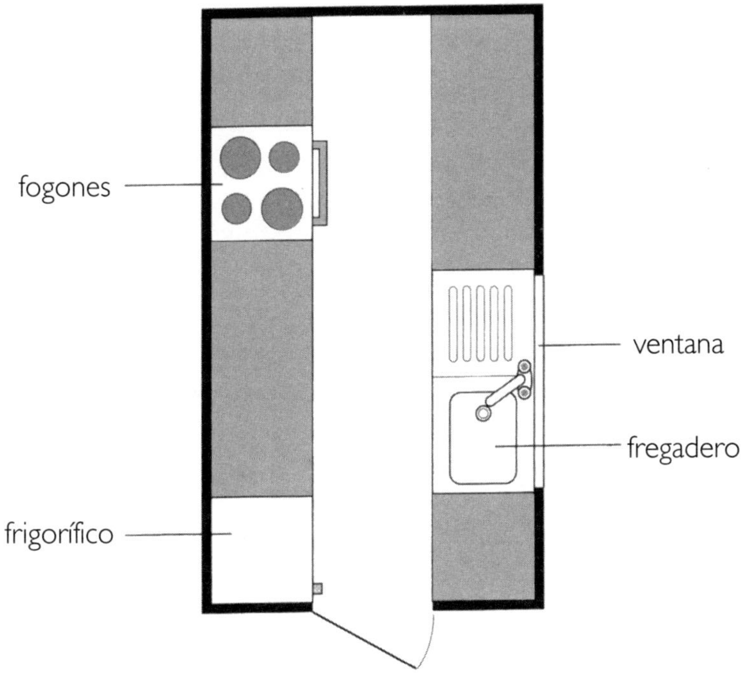

Ten separados el fregadero y los fogones en la distribución de la cocina.

Existe la posibilidad de que en la cocina haya un choque entre los elementos, sobre todo entre el Agua y el Fuego. En la ilustración anterior queda reflejado lo importante que es separar estos dos elementos. Según el Feng Shui, no es aconsejable que el agua y los fogones estén opuestos o contiguos. En este contexto, el agua no sólo son los fregaderos, sino también el frigorífico, el lavavajillas y la lavadora. Sin embargo, los tres primeros son los más importantes. Si es inevitable, la solución más obvia es buscar una nueva ubicación para uno de los elementos, pero si es del todo imposible hacerlo, pon la fuerza mitigadora del elemento Madera/Árbol entre ambos aparatos, bien colgando una pintura o foto de una planta, bien colocando una planta viva. Otro remedio es introducir el color verde en esa zona.

Tener la despensa y el frigorífico bien surtidos simboliza la abundancia, la riqueza e incluso la generosidad. Todos sabemos lo que es abrir un armario o el frigorífico con hambre y no encontrar nada que comer. Si tenemos abundante comida en la despensa y cocinamos algo más de lo que necesitamos, expresamos el chi de la hospitalidad y de la amistad. Del mismo modo, servir raciones pequeñas expresa un chi demasiado denso, demasiado yang y que carece de auténtica calidez.

En las casas modernas se está imponiendo la moda de situar la cocina en medio del espacio destinado a este fin. Según el Feng Shui, a algunas personas les va bien y a otras no. Algunas prefieren tener los fogones en un rincón, para estar más concentradas, mientras que otras se sienten bien en el centro del espacio. Si te gusta cocinar en el centro, asegúrate de que los bordes de los muebles sean redondeados para evitar el chi cortante y ten también en cuenta el conflicto obvio entre el Agua y el Fuego.

En la actualidad, tiende a comerse en el mismo lugar en el que se cocina. Esto parece bastante lógico, ya que se trata de una de las piezas más cálidas y, si se organiza bien, la zona de comer puede aportar gran armonía y comunicación a los habitantes de la casa. Piensa en las personas que comen sentadas en taburetes, sin una montaña (apoyo) detrás de ellos, en mesas de cocina tipo barra y de cara a la pared. Esta ubicación estimula las prisas para comer y la incomunicación. En cambio, una decoración en la que haya una mesa estable y preferiblemente redonda, con sillas cómodas, mejor si en número par, fomenta la comunicación y la concentración. Personalmente, valoro mucho sentarme a compartir una comida con mi familia. Para mí, es uno de los mejores momentos del día. Compartir es posible, también lo es comunicar. Si cada uno coge su bandeja y se marcha a su habitación, o si todos se sientan en torno al televisor, es imposible que se cree esta atmósfera de comunicación. Como en el resto de la casa, si utilizas la comprensión esencial del chi, tanto en el diseño como en la distribución del espacio a la hora de crear un ambiente, conseguirás un entorno vibrante, sano y en el que puedas apoyarte.

El escritorio/sitio de trabajo

Cada vez hay más personas que trabajan en casa o que se llevan trabajo de la oficina a casa. A diferencia del entorno yang y disciplinado de una oficina, el escritorio y tu sitio de trabajo tienen que alentar tu energía dinámica. Por otro lado, tal vez sea también la zona de la casa donde estudias o tus hijos hacen los deberes. En todos estos espacios podrás aplicar los principios fundamentales de la Escuela de la Forma.

Igual que en el dormitorio, donde es de vital importancia evitar que la cama esté en una fuga de chi que pueda darse entre la puerta y las ventanas, el lugar donde pongas el escritorio o, más concretamente, donde te sientes, no tiene que estar en línea recta entre la puerta y la ventana. Sitúa el escritorio de forma que puedas ver la puerta desde él. Esto te dará mayor seguridad y te será más fácil concentrarte en tu trabajo. Tener una ventana delante, sobre todo si tiene una hermosa vista, distraerá tu atención. No sólo será la mente la que vagará sino que tu chi se «fugará» de la habitación, por lo que te cansarás antes.

El siguiente punto a tener en cuenta es dónde te sientes ante el escritorio. Por motivos prácticos, muchas personas suelen poner la mesa contra la pared y sitúan su estación de trabajo bajo unas estanterías cargadas de libros. Según el Feng Shui, esta no es una buena opción. En primer lugar, porque tu cabeza no puede apoyarse en una montaña (una pared), en segundo lugar porque estás de cara a un callejón sin salida (una pared), y en tercer lugar, por el peso excesivo del chi que desciende desde las estanterías. Te sugiero que te plantees otras posibilidades. Pon el escritorio de modo que tengas todo el espacio por delante, con una pared detrás de la espalda, y asegúrate de que no haya fuentes de chi cortante, como los bordes puntiagudos de las estanterías que podrías tener a tu espalda o a la altura de la cabeza.

Poner en marcha estos principios básicos te costará un poco de tiempo y esfuerzo. Aunque el consejo sea sensato, tu espacio siempre estará lleno de contradicciones. ¡Si sitúas el escritorio aquí, te encontrarás en una fuga de chi, o si lo pones en el otro lado, te encontrarás de cara a una ventana! No obstante, tómate el tiempo que sea necesario porque siempre encontrarás la solución más conveniente.

El escritorio debe compendiar tu carrera profesional, tus estudios y, si has de estar en comunicación con colegas y clientes desde este espacio, tu accesibilidad. Primero de todo, comprueba que la mesa esté en buen estado; tiene que ser estable, lo mismo que tu actividad profesional. ¿Es un trozo de conglomerado sobre unos caballetes? Mira un buen rato tu mesa y descubre si conjuga bien con tu sueño. Recuerda cuando fuiste a una entrevista de trabajo con el director o directora de una gran empresa. ¿Estaba sentado en el rincón de la habitación, de cara a la pared y ante un endeble escritorio lleno de papeles y tazas vacías de té?

El escritorio debe compendiar tu carrera profesional, tus estudios y, si has de estar en comunicación con colegas y clientes desde este espacio, tu accesibilidad.

La silla es tu Montaña, y es de vital importancia para tu apoyo y concentración. Una buena silla mantendrá claro, estable y concentrado tu chi. En muchas casas que he visitado, la silla del sitio de trabajo era un perfecto ejemplo de la «falta de apoyo». He visto personas que utilizaban sillas de jardín, endebles sillas de mecanógrafas, sillas de segunda mano de oficinas en desuso, y, lo peor de todo, taburetes o sillas plegables. Lo ideal es encontrar una silla grande, con un amplio soporte de Montaña a la espalda y que esté en buen estado. Una silla giratoria también es una buena idea, siempre y cuando sea estable. Para conseguir un toque estético adicional que potencie tu chi, vuelve a la Primera parte del libro y mira de qué elemento eres. Elige, como soporte, un color que represente el elemento previo. No toda la silla tiene por qué ser de este color, pero sí puede integrarlo en detalles como el cojín, por ejemplo.

Los colores y los cinco elementos

- Suelo/Tierra - rojo
- Metal - amarillo
- Agua - blanco
- Madera/Árbol - azul o negro
- Fuego - verdes

Las imágenes de la habitación donde trabajas suelen transmitir un mensaje subliminal. Mira a tu alrededor y fíjate qué mensaje te transmiten. Si lo que quieres es concentrarte, estudiar e interiorizar, las imágenes que representen la estabilidad serán las más adecuadas para ti. Si, en cambio, lo que deseas es comunicarte con el mundo exterior, establecer contactos nuevos e iniciar proyectos, elige imágenes más estimulantes, desenfadadas y de características más sociables. Muchos sitios de trabajo se utilizan también como

Fuentes de chi negativo (externas)

- Vías muy transitadas
- Rondas de circunvalación
- Árboles muertos
- Charcas de agua estancada
- Chi cortante de edificios o tejados vecinos
- Encrucijadas en T
- Tendidos de ferrocarril
- Cementerios
- Postes de teléfono, telégrafo o electricidad

Fuentes de chi negativo (internas)

- Vigas
- Acumulaciones de objetos innecesarios
- Animales de compañía enfermos
- Chi cortante de los cantos de los muebles, aparatos, estantes, quicios de puertas
- Fugas de chi
- Plantas enfermas
- Ocupante enfermizo
- Estancias de formas irregulares

habitación para guardar cosas. Te recomiendo encarecidamente que archives fuera de la vista todos los papeles y material que fueron importantes en el pasado, porque, de otro modo, en el plano subliminal te recordarían el pasado y te impedirían concentrarte en el viaje que tienes por delante. Si necesitas comunicarte con el mundo exterior, procura emplear un equipo que esté en buenas condiciones y evitar los aparatos que te hagan perder el tiempo o te produzcan irritación. Sobre todo, asegúrate de que el teléfono, el fax, el ordenador o la conexión a Internet funcionen de una manera sencilla pero eficiente.

En el capítulo 10, que viene a continuación, encontrarás más información sobre otras fuentes potenciales de estrés en el hogar, como la contaminación electromagnética, el estrés geopático, etcétera.

Fuentes de chi positivo

- Plantas saludables
- Peces sanos/acuario
- Animales de compañía sanos
- Ocupantes sanos
- Niños juguetones
- Aire fresco
- Iluminación brillante
- Ambiente limpio
- Decoración estimulante
- Buena circulación de chi

Capítulo 10

Perfecciona tu Feng Shui

El Feng Shui tradicional es una disciplina muy amplia. Un discípulo realmente experimentado se dedica a armonizar al individuo con la influencia del Cielo (astrología y adivinación) y de la Tierra (el paisaje, los edificios y la decoración de interiores). Los maestros dedicaban toda su vida a esos estudios. Las distintas escuelas de Feng Shui tienen un componente en común: ocuparse del chi negativo que pueda apuntar hacia la propiedad o generarse dentro de ésta debido a los cantos puntiagudos o a las fugas de chi, como se ha explicado en el capítulo anterior.

En este libro, he querido que el lector conozca uno de los «estratos» de la Escuela de la Brújula, conocido como el Bagua. Este componente del Feng Shui, que es relativamente fácil, puede perfeccionarse combinado con la astrología a la hora de planear dónde es mejor dormir, trabajar u orientarse dentro de la casa para tener una vida más gratificante. La elegancia y la simplicidad de este sistema se integra con una comprensión fundamental del yin y del yang, de los Cinco Elementos y del significado de los ocho trigramas del *I Ching*.

El Bagua

El Bagua es una de las herramientas más versátiles y prácticas que se utilizan en la Escuela de la Brújula. Derivado del Cuadrado Mágico de Lo Shu, el trazado del Bagua y de sus subdivisiones puede superponerse al plano general de la casa, de la oficina o de una sola habitación. Basado en los trigramas del *I Ching*, el Bagua nos proporciona ocho sectores alineados con los puntos cardinales e intercardinales de la brújula. Cada uno de estos sectores representa uno de los distintos ámbitos de la vida, tal como se explicará en los apartados siguientes.

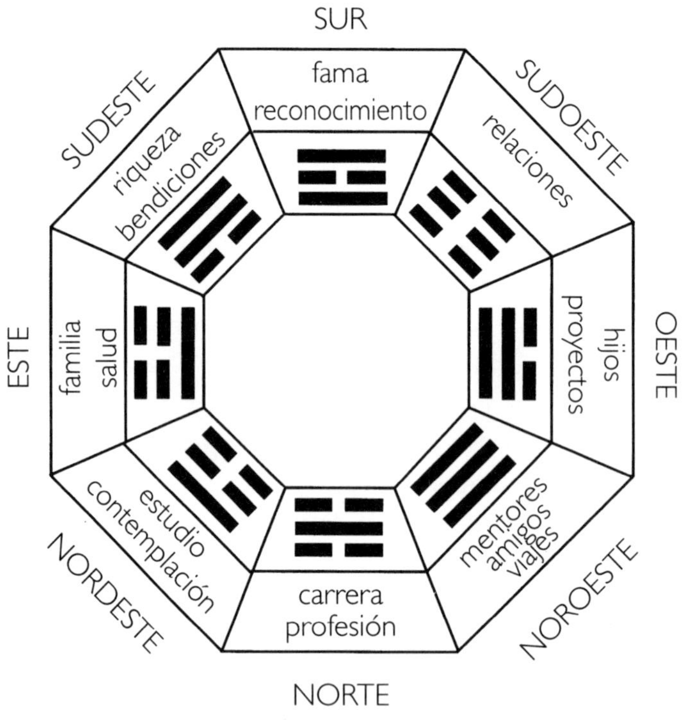

En el capítulo anterior hemos aprendido a valorar la casa desde una perspectiva chi, y ahora podremos perfeccionar más esta técnica con las sugerencias que presentaré a continuación. Es una aplicación muy simple y práctica de la Escuela de la Brújula que espero que te deje ganas de profundizar más en esta fascinante y profunda disciplina. ¡Incluso la jornada más larga comienza con el primer paso!

PASO 1

Empieza dibujando un plano lo más exacto posible de la casa, la oficina o de una habitación concreta. Asegúrate de marcar la ubicación de las puertas y de las ventanas, así como las escaleras y las piezas de mobiliario principales, como el estudio o escritorio, tu sillón favorito, la cocina y la cama.

PASO 2

Con un lápiz de otro color, divide el plano en nueve recuadros que representan el Bagua. Si hay una extensión en la propiedad que ocupe más del cincuenta por ciento de ese lado del edificio, inclúyela también en el Bagua. Aunque con esto obtendrás un espacio vacío fuera de la casa, en la práctica también se incluirá en el Bagua (véase ilustración). Las pequeñas extensiones de menos del 50 por ciento que estén a un lado del edificio o habitación suelen excluirse del Bagua.

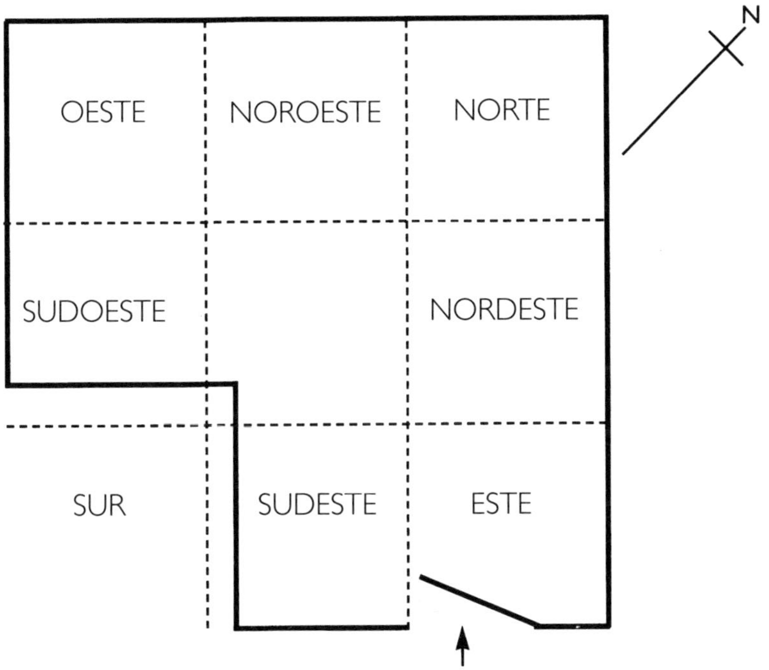

Superposición del Bagua al plano de tu vivienda

PASO 3

Con una simple brújula de bolsillo, averigua dónde está el norte. Haz tres lecturas distintas desde diferentes puntos de la casa para que la medición sea exacta. Una vez establecido el norte, indícalo mediante una flecha en el plano de tu casa.

PASO 4

Con un lápiz de otro color, marca en el plano dónde está cada sector cardinal (norte, sur, este y oeste) y los puntos intercardinales (noreste, sudeste, sudoeste y noroeste). Sigue el ejemplo de la ilustración de la página anterior.

PASO 5

Estudia el Bagua de la página 220 y observa qué parte de la casa corresponde a cada una de las aspiraciones vitales. En los apartados siguientes me centraré en el simbolismo más detallado de cada una de ellas. Sin embargo, si ya has visto claro que tienes que impulsar tu profesión o tus estudios, advierte qué sector de la casa ocupan, o incluso cuál es su sector en una habitación determinada.

PASO 6

En los apartados siguientes, mira, según los puntos de la brújula, qué aspiración de la vida quieres potenciar más. Estudia qué información puedes sacar de ellos para aplicarla de manera práctica a tu espacio vital. Advierte si un sector concreto, en el plano del chi, está a la altura de tus expectativas en la vida en el momento presente. Por ejemplo, el sector nordeste de tu casa o estudio, ¿proporciona la quietud necesaria en la que apoyarte mientras estudias? Fíjate en qué lugar hay un elemento de estabilidad en el que apoyarte mientras estudias. ¿Está muy desordenada esa zona? ¿O tal vez

está situada en medio de un remolino de chi en el que hay pocas posibilidades de dedicarse al estudio y a la contemplación?

Debido a la naturaleza complementaria aunque antagónica del yin y el yang, es importante recordar que el sector opuesto que desees potenciar también necesitará cierta atención. Todo lo que tiene cara tiene cruz, y cuanto más grande sea la cara, más grande será la cruz. Si te dedicas, por ejemplo, al sector nordeste de la casa, examina también el sudoeste, que representa las relaciones. Como el sector noroeste está relacionado con la quietud y la contemplación y está «fuera de contacto» con el mundo exterior, si lo potencias demasiado se producirá una inevitable «sequía» en tus relaciones con los demás. No pongas todos los huevos en un cesto, concentrándote en un solo sector, sin prestar atención a su sector opuesto, complementario aunque antagónico.

Sector norte

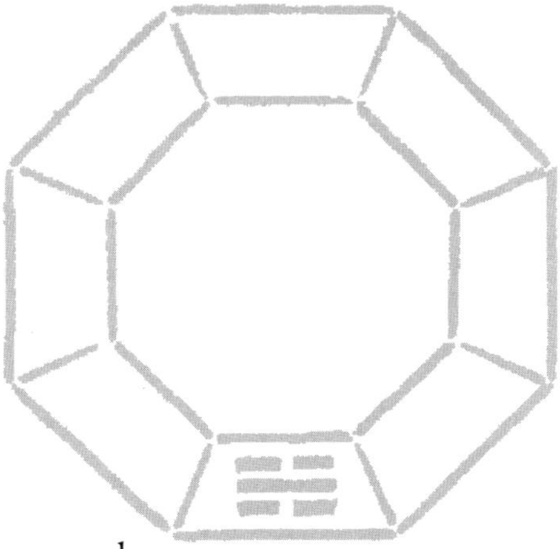

Aspiración vital: Profesión/viaje.

Trigrama: K'an.

Elemento: Agua.

Color: Azul oscuro, negro.

SIMBOLISMO

Como en el mundo natural, para que el agua sea fresca, vital e inspiradora, tiene que fluir sin obstáculos. Para recrear el simbolismo de este elemento, hay que mantener la zona libre de objetos innecesarios y crear la sensación de movimiento ondulante y sinuoso. Lo mejor es estimular el flujo del agua en vez de dejar que esa energía se seque o se estanque.

PREGUNTAS QUE TIENES QUE HACERTE

Con respecto a tu carrera, perspectiva y viaje interior en la vida, formúlate las siguientes preguntas: ¿te sientes sintonizado o en línea con tu sueño? ¿Te ves bien encaminado en lo que se refiere a tus planes a largo plazo? ¿Te estimula tu profesión? ¿Es estable tu carrera en el momento actual? ¿Te llegan proyectos nuevos? ¿Estás perdiendo contratos u oportunidades? ¿Te sientes suficientemente considerado por tus compañeros, clientes o jefes?

PARA POTENCIAR ESTE SECTOR

Los colores que reflejan el elemento Agua son oscuros, como el azul oscuro e incluso el negro. De manera subliminal, las fotografías de paisajes marinos o submarinos y de ríos potencian este sector. Suelen ser muy útiles las fuentes o las peceras que se ajusten proporcionalmente al espacio. El diseño y trazado de este espacio debe transmitir básicamente la energía del «flujo» natural. Lo mejor es un espacio silencioso, sin bordes puntiagudos ni trastos inútiles.

SI ESTE SECTOR NO EXISTE

En la medicina china, el agua representa la salud, la vitalidad y el chi de los riñones, la vejiga urinaria y el aparato reproductor. Es la base de toda nuestra vitalidad. Si ese sector no existe, es posible que tengas menos vitalidad, te sientas agotado, vulnerable y aislado.

SI ESTE SECTOR ES PROPORCIONALMENTE MÁS GRANDE

La naturaleza profunda del Agua se manifiesta en nuestro chi como su capacidad de reflexionar. Si tienes un sector norte más grande, tus habilidades intuitivas y mediúmnicas estarán potenciadas. En el ámbito profesional, tendrás más éxito en un tipo de trabajo que requiera reflexión, criterio, paciencia e intuición.

SI LA PUERTA PRINCIPAL ESTÁ DE CARA AL NORTE

En esta situación, la puerta se halla de cara al invierno, el frío y la quietud [en el hemisferio norte]. Los ocupantes de esta casa sentirán más el frío, serán más reservados o aislados y podrían sufrir ansiedades ante las amenazas del mundo exterior. Los vientos helados de chi que genera el norte inclinan a los ocupantes de la vivienda más hacia la hibernación que hacia la vida social.

Sector nordeste

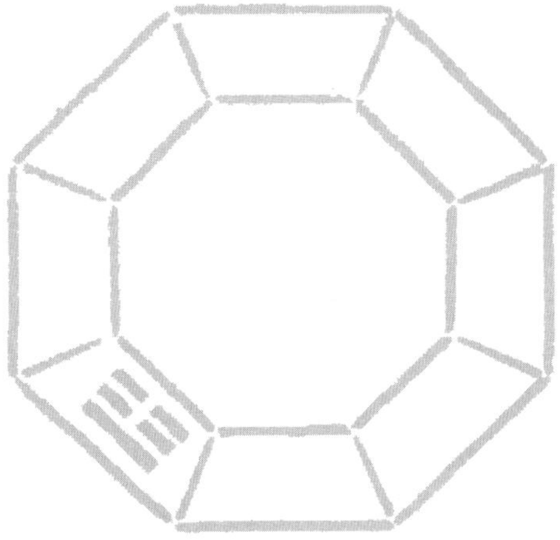

Aspiración vital: Conocimiento/contemplación.

Trigrama: K'en.

Elemento: Tierra.

Color: Beige (ocre o canela).

SIMBOLISMO

El trigrama K'en simboliza la Montaña, la quietud, la contemplación y la fuerza interior oculta. También representa nuestro conocimiento interior y la capacidad de estudio. En un mundo ideal, este sector de la casa o de una habitación se utilizará como espacio de estudio o de meditación. Deberás crear una atmósfera de quietud, arraigo y estabilidad.

PREGUNTAS QUE TIENES QUE HACERTE

¿Necesitas más tiempo y más espacio para tu autoconocimiento? ¿Crees que el trabajo te exige demasiado y que no te queda tiempo para ti mismo? ¿Estás siempre ocupado con tu profesión, la vida familiar o social y necesitas tiempo y espacio para ti? Cuando preparas unos exámenes, ¿estás constantemente distraído? ¿Necesitas estabilidad, motivación o inspiración para lo que estás estudiando?

PARA POTENCIAR ESTE SECTOR

En un mundo ideal, deberías poner el escritorio en el sector nordeste de tu casa o en el sector nordeste de una habitación. Potencia el simbolismo de la Montaña y de la quietud con pinturas e imágenes que lo apoyen. Nada de fotografías de coches de Fórmula 1 o de carreras de motos. Los mejores colores son el beige, y los azules y los verdes oscuros.

El conocimiento y el desarrollo personal son la sed y el hambre interiores. Esto puede representarse poniendo cerca un receptáculo vacío para potenciar la receptividad. Puedes, por ejemplo, elegir una vasija de cerámica, un joyero o un tazón decorativo. Si buscas inspiración, incorpora una iluminación que contenga el elemento Fuego, como los focos proyectados hacia el techo o las velas. Recuerda que en la teoría de los Cinco Elementos, el Fuego sirve de soporte al Suelo/Tierra.

SI ESTE SECTOR NO EXISTE

Sin este sector, te resultará muy difícil estudiar, mantener la quietud o dedicarte a la meditación o a otras prácticas espirituales. Tal vez tengas que estudiar en una biblioteca, leer un libro en tu cafetería favorita, o buscar un espacio tranquilo fuera de casa para meditar, hacer yoga, etcétera.

SI ESTE SECTOR ES PROPORCIONALMENTE MÁS GRANDE

En esta situación, los habitantes de una casa tienden a recluirse y a aislarse. Cada uno de ellos tenderá a ocuparse de lo suyo. Con este énfasis excesivo de la presencia de la Montaña en la casa, tenderán a darse problemas de comunicación. A todo el mundo le resultará muy difícil comunicar sus sentimientos y, a la vez, saber escuchar y captar las necesidades de los demás.

SI LA PUERTA PRINCIPAL ESTÁ DE CARA AL NORDESTE

Con frecuencia, los vientos fríos más amenazadores y agoreros vienen del nordeste. ¡Abrir cada día la puerta de casa a las ráfagas heladas procedentes de Siberia no es una manera auspiciosa de empezar el día! La naturaleza fuerte, profunda y penetrante del chi del nordeste puede ocasionar problemas de salud como los resfriados, las infecciones persistentes, los trastornos bronquiales y los síntomas parecidos a los de la gripe. También es probable que a las mujeres les cueste más concebir si viven en una casa con la puerta de cara al nordeste.

Sector este

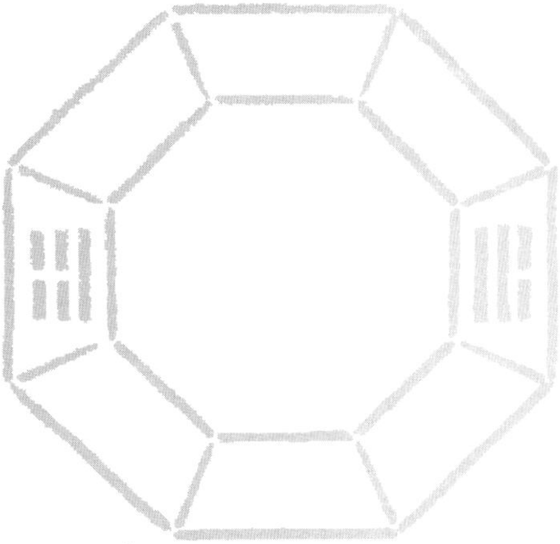

Aspiración vital: Familia y salud.

Trigrama: Chen.

Elemento: Madera/Árbol.

Color: Verde, verde oscuro.

SIMBOLISMO

El trigrama Chen suele traducirse como el Trueno o lo «Suscitativo». Como el este representa el amanecer y el inicio de una nueva actividad, simboliza la salud, la vitalidad y las raíces familiares. Es un sector activo de la casa que representa la carga de chi que nos llega de nuestros ancestros, así como la vitalidad y la resistencia con que afrontamos la vida diaria a partir de nuestra salud.

En este sentido, la familia puede ir más allá de la familia inmediata y representar a la «tribu» a la que pertenecemos. En la actualidad, también pertenecemos a distintas tribus: clubes deportivos, entornos laborales, grupos benéficos, etcétera.

En este contexto, la salud está más relacionada con la espontaneidad, la flexibilidad y la vitalidad.

PREGUNTAS QUE TIENES QUE HACERTE

¿Cómo calificarías la relación actual que tienes con tus padres? ¿Estás en contacto con ellos? ¿Comprenden y apoyan tu viaje personal? Si uno o ambos progenitores han muerto, pregúntate si tenías buena relación con ellos cuando murieron. ¿Estás agradecido por la contribución que han hecho a tu vida o por la manera en que la han inspirado? En estos momentos, ¿te valoran, te alientan y te apoyan? ¿Cómo va tu salud? ¿Tienes buena vitalidad? ¿Tienes ganas y curiosidad de descubrir más cosas en tu viaje?

PARA POTENCIAR ESTE SECTOR

Utiliza imágenes de amaneceres o de la primavera, o que sugieran la iniciación de cualquier proyecto, y luego no pienses en otra cosa que en los símbolos de la Madera/Árbol. Este elemento, como mejor expresa el chi es a través de plantas naturales y sanas. Potencia este sector con plantas, buena iluminación y aire fresco. Recuerda que dentro del ciclo de los Cinco Elementos, la Madera/Árbol se apoya en el agua, por lo que sería apropiado poner algún tipo de instalación (fuente) de agua en este sector.

Utiliza colores verde oscuro, azul claro y turquesa. Coloca imágenes que representen el amanecer, los inicios y una salud vibrante.

Las fotografías, pinturas o representaciones de tu «tribu» te ayudarán a potenciar este sector, como las de la familia, los colegas de trabajo o de tu club deportivo. Procura, sin embargo, restringir el número y el tamaño de las fotografías de tus ancestros fallecidos. Nuestro viaje es la aventura de mirar hacia delante y no un recorrido hacia atrás.

SI ESTE SECTOR NO EXISTE

Esto posibilita que la salud sea deficiente, la vitalidad baja y que tengas pocas ganas de realizar actividades creativas. También puede darse una tendencia a «desconectar» de tu tribu (padres, familiares, colegas de trabajo y amigos).

SI ESTE SECTOR ES PROPORCIONALMENTE MÁS GRANDE

Eso supone una carga muy positiva para todos los habitantes de la casa. Entre los resultados están una vitalidad, un entusiasmo y un optimismo mayores con los familiares, amigos y compañeros de trabajo.

SI LA PUERTA PRINCIPAL ESTÁ DE CARA AL ESTE

En esta ubicación, el amanecer llega directamente a la puerta de tu casa. Esto es especialmente auspicioso si vas a empezar una actividad profesional nueva o un proyecto nuevo, o si quieres diversificar o ampliar uno ya existente. El chi primaveral será especialmente beneficioso para los niños de la casa mientras viven sus años de amanecer en el viaje de sus vidas.

El sector sudeste

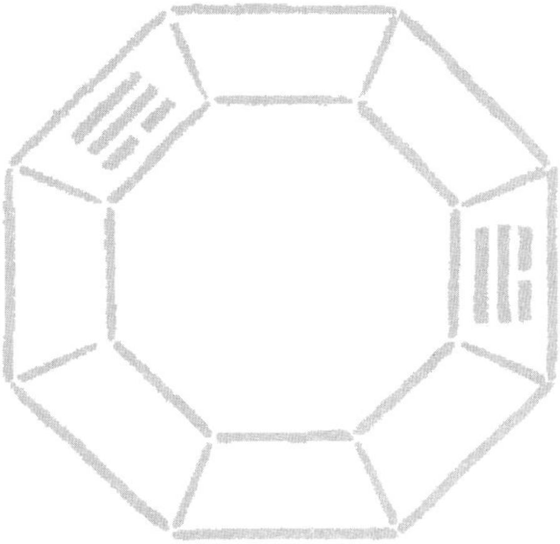

Aspiración vital: Prosperidad y suerte.

Trigrama: Sun.

Elemento: Árbol pequeño/Madera.

Color: Verde, verde claro.

SIMBOLISMO

El sector sudeste de la casa es el que te proporciona el sol más cálido y el chi más revitalizante. Desde el punto de vista de las estaciones, representa el final de la primavera, cuando el reino vegetal está en su máximo esplendor, lleno de flores. Este es un sector muy poderoso de la casa que no sólo representa la suerte, la prosperidad y la riqueza, sino también la buena salud. Potenciando este sector conseguirás milagros. Como hemos aprendido a lo largo de nuestro viaje, la suerte consiste muchas veces en estar en el sitio oportuno en el momento oportuno, y estar abiertos a nuevas posibilidades. Mantén este sector brillante y fresco para que sea una ventana por la que entren las posibilidades.

PREGUNTAS QUE TIENES QUE HACERTE

En el momento presente, ¿eres afortunado? ¿Te llegan muchas oportunidades? ¿Te sientes dejado de lado? ¿Crees que los que te rodean son más afortunados que tú? ¿Cuál es tu situación financiera? Tus ingresos, ¿fluyen de manera constante? ¿Tienes los ahorros adecuados para el futuro? ¿Estás abierto a una vida de sorpresas y oportunidades que pueden llevarte a la prosperidad y al éxito?

PARA POTENCIAR ESTE SECTOR

En el hemisferio norte, el sector sudeste de tu casa trae consigo los rayos de sol más cálidos del día. Es una buena zona para cultivar plantas, que también representan el elemento Árbol/Madera. Te sugiero que compres una planta del dinero, conocida también como planta de jade, y cuyo nombre científico es *Crassula argentea.* Esta resistente y carnosa planta necesita muy poca agua, y con el tiempo crece de una manera estable. Puede llegar incluso a florecer dos veces al año.

El elemento Agua apoya este sector, por lo que podrías plantearte poner algún tipo de instalación que lo incluya. Lo mejor es una fuente de interior con agua corriendo. Los colores idóneos son los verdes claros y los verdes azulados, los malvas, y los rosas pasteles.

Las imágenes estimulantes, revitalizantes e inspiradoras ayudan a potenciar este sector. No es, definitivamente, el mejor lugar en el que poner una papelera, acumular periódicos viejos y objetos innecesarios.

SI ESTE SECTOR NO EXISTE

Sin este sector, contarás con pocos recursos, tendrás poca fortuna y problemas financieros. Te sentirás como fuera de juego mientras que te parecerá que los demás tienen mucha suerte y oportunidades. Tal vez también tengas muchas cosas que pagar: alquiler o hipoteca caros, gastos de mantenimiento elevados, e incluso gastos legales que te pueden dejar sin dinero en efectivo.

SI ESTE SECTOR ES PROPORCIONALMENTE MÁS GRANDE

Aquí el cielo es el límite para un inmenso potencial de éxito, fortuna, prosperidad y buena salud. Las oportunidades te caerán del cielo. Si embargo, procura no querer abarcar demasiadas cosas al mismo tiempo porque eso podría agotar, con el tiempo, tu energía, tu vitalidad y tus reservas.

SI LA PUERTA PRINCIPAL ESTÁ DE CARA AL SUDESTE

El chi que entra en la casa procedente del sudeste alentará un entorno muy activo, feliz y energético. Esto es vital para mantener los contactos y la buena comunicación con el mundo exterior. No tendrás problemas para poner en marcha nuevos proyectos y que al mismo tiempo lleguen más oportunidades a tu vida. Sin embargo, debes organizarte bien para que todo lo que emprendas dé fruto.

Sector sur

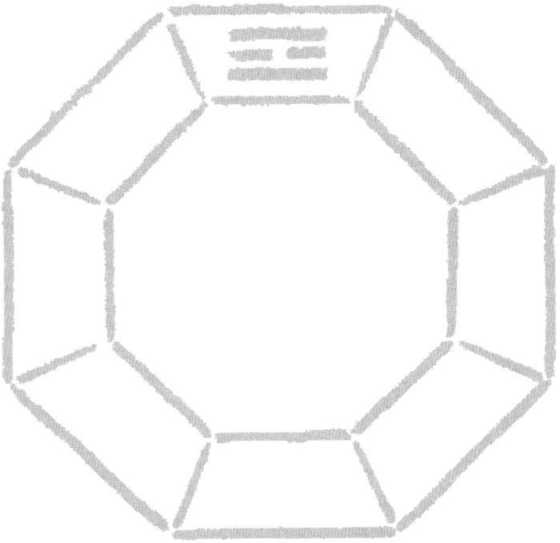

Aspiración vital: Reconocimiento y fama.

Trigrama: Li.

Elemento: Fuego.

Color: Rojo.

SIMBOLISMO

Este sector representa el reconocimiento y la fama que has logrado. El elemento Fuego lleva consigo el chi de la sabiduría, de la claridad, del brillo, de la percepción y de la intuición. Este sector no sólo nos inspira por dentro sino que también hace que se nos note mucho desde fuera. A menudo, el Fuego expresa todo el potencial de nuestro sueño y el éxito de nuestro viaje personal.

PREGUNTAS QUE TIENES QUE HACERTE

¿Tienes una habilidad especial por la que te gustaría ser reconocido? ¿Has diseñado un producto que necesite una buena campaña publicitaria? ¿Recibes el reconocimiento que mereces? ¿Por qué te gustaría ser conocido? ¿Hay otros, con menos talento que tú, que se llevan toda la fama? ¿Crees que te pasan por alto? ¿Piensas que tus esfuerzos como padre o como madre no se reconocen? ¿Te sientes dejado de lado en tu comunidad? ¿O en tus relaciones?

PARA POTENCIAR ESTE SECTOR

El Fuego representa la luz en todas sus manifestaciones. Es importante que este sector de la casa esté bien iluminado, ya sea con lámparas convencionales o bien con velas. Para apreciar esto, no hay nada mejor que entrar en una habitación cargada con el chi energizante y estimulante de un fuego natural.

En el ámbito de los colores, utiliza distintos tonos de rojo, incluidos el púrpura, los rosas, los marrones y los granates. Emplea colores brillantes y vibrantes, y quita cualquier elemento decorativo deslustrado que disminuya la energía del Fuego.

SI ESTE SECTOR NO EXISTE

Esto puede acarrear falta de reconocimiento, lo que, a su vez, hará que tu autoestima y confianza disminuyan. Es probable que nadie advierta tu talento y tu creatividad.

SI ESTE SECTOR ES PROPORCIONALMENTE MÁS GRANDE

No te preocupes porque te harás famoso. Tienes un gran potencial de reconocimiento no sólo por tu creatividad sino también por tu sabiduría, tu claridad y tu intuición.

SI LA PUERTA PRINCIPAL ESTÁ DE CARA AL SUR

Una carga de Fuego que entra en la casa activará la vida de ese espacio y la de sus ocupantes. Es probable que seas sociable, animado, despreocupado y alegre. Sin embargo, hay que tomar ciertas precauciones: el Fuego ilumina todo lo que está presente y tiende a exagerar lo que está «iluminado», por lo que el estancamiento y el polvo sólo se harán más evidentes. Si no te sientes feliz y te falta confianza en ti mismo, el Fuego puede exagerar estos sentimientos. Recuerda que el Fuego carga la atmósfera, y, en un plano negativo, puede propiciar ardientes discusiones así como romances apasionados.

Sector sudoeste

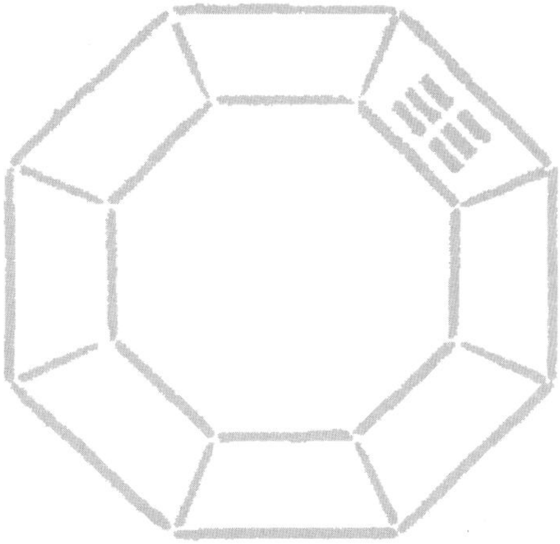

Aspiración vital: Matrimonio y relaciones.

Trigrama: K'un.

Elemento: Tierra grande.

Color: Amarillo, marrón.

SIMBOLISMO

El trigrama K'un representa la fuerza completa de la energía yin que crea el simbolismo de la receptividad. Este es el más yin o abierto de los trigramas. También es el más femenino, regido por el elemento Tierra, que lleva consigo un aroma de calidez, amor, cariño y buenas relaciones con los demás.

En este contexto, encontramos la relación de pareja, las relaciones con la familia, los amigos, los colegas y los vecinos. Este sector de la casa no sólo representa el estado actual de tus relaciones sino también el potencial existente para formar relaciones nuevas, o para que las antiguas sean más duraderas.

PREGUNTAS QUE TIENES QUE HACERTE

¿Tienes buenas relaciones con tu jefe y con tus compañeros de trabajo? ¿Estás en contacto con antiguos amigos? ¿Cómo son las relaciones actuales con tus clientes? ¿Hay armonía y equilibrio entre tus vecinos y tú? ¿Qué puntuación le darías a tu relación de pareja actual? ¿Es estable? ¿Tiene futuro?

PARA POTENCIAR ESTE SECTOR

Mantén siempre limpio este sector de la casa, o de una habitación, sobre todo si se trata del dormitorio. Para potenciar este sector, que se apoya en el elemento Suelo/Tierra, utiliza cristales naturales. El elemento Fuego es el creador del elemento Suelo/Tierra y es aconsejable poner velas o imágenes de Fuego en este sector. Intenta crear una atmósfera acogedora, cálida y segura. En muchas casas que he visitado, los ocupantes han elegido intuitivamente ese sector para poner la sala de estar o el comedor.

Entre los colores que potencian este sector están los amarillos y los tonos suaves de rojo como el rosa o el malva. También es el lugar ideal para poner una fotografía con tu pareja, o, si estás tratando de entablar una relación nueva, coloca figuritas o pinturas de parejas, o un par de pájaros, ya que aportan estímulo subliminal a ese sector.

SI ESTE SECTOR NO EXISTE

Dado que esta parte de tu casa o habitación recibe una fuerte influencia yin o principio femenino, las mujeres suelen encontrarse más incómodas que los hombres en las casas o habitaciones en las que falte este sector. Como la energía yin de la Tierra es esencial para la carga fundamental de chi de las mujeres, si este sector es inexistente, tenderán a sentirse más cansadas y aisladas, y pueden tener problemas de salud.

SI ESTE SECTOR ES PROPORCIONALMENTE MÁS GRANDE

Con un gran sector sudoeste en la casa, las mujeres se sentirán felices, cómodas y llenas de energía. En general, la casa dará sensación de calidez, tranquilidad y receptividad a los demás. Podría muy bien convertirse en un lugar de reunión para la familia, los amigos y los vecinos.

SI LA PUERTA PRINCIPAL ESTÁ DE CARA AL SUDOESTE

El chi procedente del sudoeste tiene la carga tierna de la energía de última hora de la tarde. Es el momento del día en que el chi empieza a aquietarse y a consolidarse. Suele crear una atmósfera de calidez y placidez. Si asimilamos la idea del final de la tarde a la duración de nuestra vida, también puede significar la jubilación. Ésta podría ser una casa ideal para una pareja que empieza una larga y tierna tercera edad.

Sector oeste

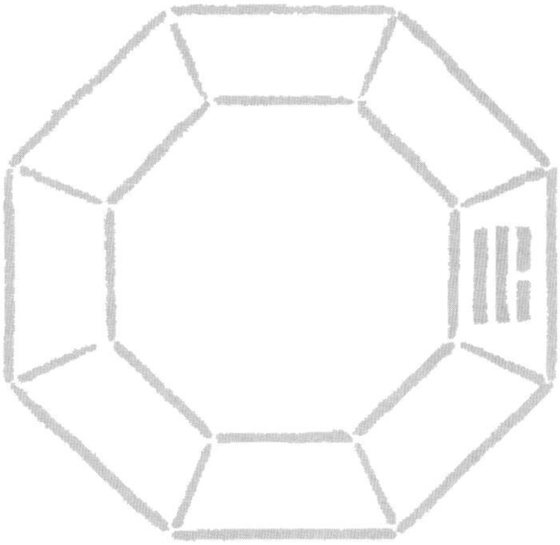

Aspiración vital: Hijos/proyectos.

Trigrama: Tui.

Elemento: Pequeño Metal.

Color: Blanco, plateado y gris.

SIMBOLISMO

Sentado en el oeste, el chi que estimula este sector es profundamente reflexivo y creativo a la vez. El atardecer y las primeras horas de la noche constituyen el momento cuando el chi se consolida, cuando reflexionamos en las actividades del día, y cuando nos inspiramos para alcanzar niveles nuevos de energía en nuestra creatividad. Para los que tienen familia, los hijos representan la verdadera creatividad en una relación. Los hijos son manifestaciones de nuestro chi, de nuestro amor y de nuestra sangre. Y podemos contemplar bajo la misma luz nuestros proyectos futuros, nuestros planes, sueños y creaciones. Los proyectos nuevos que iniciamos y que se desarrollan y crecen son también «hijos» nuestros. El trigrama Tui (Lago/Serenidad) siempre se ha asociado con el cariño, la comunicación y la diversión.

PREGUNTAS QUE TIENES QUE HACERTE

¿Tienes buenas relaciones con tus hijos? Si son jóvenes, ¿van bien en la escuela o en la universidad? ¿Cómo están de salud? En este momento, ¿te sientes creativo? ¿Se desarrollan de manera fácil tus planes? ¿Necesitas inspiración o motivación para estimular la creatividad? ¿Tienes una vida social activa y divertida?

PARA POTENCIAR ESTE SECTOR

Tanto si se trata del sector oeste de la casa como del de tu sala de estar, intenta crear una atmósfera que sea relajada e inspiradora.

Esto puedes lograrlo con sofás conforables, una iluminación suave, el equipo de alta fidelidad e imágenes relajantes e inspiradoras. En este sector de la casa se potencia la estética. Pon allí tus obras de arte favoritas y tus esculturas de bronce. Escucha música que te inspire, y ten a mano libros que puedan aportarte nuevas ideas.

Este es un buen espacio para exhibir fotografías de tus hijos y nietos, junto con ejemplos de la creatividad y el éxito de éstos. Para apoyar el elemento Metal, utiliza colores cercanos al blanco, entre ellos el plateado, el gris, el dorado y el crema.

SI ESTE SECTOR NO EXISTE

Como el Metal rige este sector y representa el dinero, los ocupantes de la casa pueden tener problemas económicos. Aunque haya unos buenos ingresos, los gastos a veces los exceden. También existe la posibilidad de que haya dificultades con los hijos, como la incapacidad de concebir, o problemas de salud o en los estudios de los pequeños. Desde un punto de vista social, los ocupantes suelen ser retraídos y, a veces, depresivos.

SI ESTE SECTOR ES PROPORCIONALMENTE MÁS GRANDE

En esta situación, la casa está más cargada en el plano social. Una casa hermosa en la que dar fiestas memorables y organizar reuniones sociales. Los niños también se cargarán positivamente en este espacio, harán muchos amigos, y los niños vecinos sentirán una atracción especial por esta casa. Los padres han de saber que habrá muchas llamadas telefónicas, visitas, fiestas y amiguitos que se queden a dormir los fines de semana.

SI LA PUERTA PRINCIPAL ESTÁ DE CARA AL OESTE

El chi procedente del oeste trae consigo creatividad, vivacidad y diversión. Si no tienes pareja, tendrás muchos romances y gozarás de abundantes oportunidades de hacer amigos. En el plano económico, puedes esperar generosos ingresos, aunque al mismo tiempo habrá también muchos gastos, sobre todo en cosas no esenciales, como las vacaciones y la ropa.

Sector noroeste

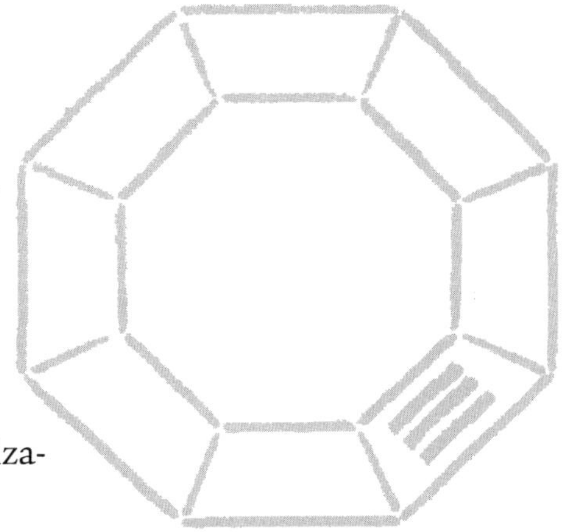

Aspiración vital: Amigos, personas útiles, consejeros.

Trigrama: Ch'ien.

Elemento: Gran Metal.

Color: Oro, blanco, tonos metalizados.

SIMBOLISMO

El trigrama Ch'ien representa toda la fuerza del yang (el Cielo). Es un poderoso sector de la casa y simboliza los contactos con el mundo exterior, incluidos los consejeros académicos y profesionales, los compañeros y amigos que te apoyan, las relaciones en el ciberespacio, y los viajes y los negocios con el extranjero. La autoridad del Cielo se expresa con un sentido de respeto y amor hacia todos los que nos apoyan en el viaje de la vida. Este sector simboliza también estabilidad, fuerza y claridad mental.

PREGUNTAS QUE TIENES QUE HACERTE

En los negocios, ¿cómo son tus contactos con los clientes y con los proveedores? ¿Recibes pedidos y consultas desde el extranjero? ¿Te sientes fuera de onda? ¿Mantienes el contacto con tus consejeros profesionales? ¿Dedicas tiempo a tu comunidad? ¿Realizas algún tipo de voluntariado? ¿Es eficiente tu sistema actual de comunicación: teléfono, fax y correo electrónico?

PARA POTENCIAR ESTE SECTOR

Esta es la zona ideal de la casa para instalar el centro de comunicaciones, ya sea meramente el teléfono o bien un sistema más complejo. Cuando trabajas en casa, a veces resulta difícil mantener la comunicación con el mundo exterior, por lo que deberás estimular al máximo este sector. Durante las horas de trabajo, mantén bien iluminado el sector. Si tienes la intención de iniciar contactos con el extranjero, es aconsejable poner algún globo terráqueo. Los colores que potencian el elemento Metal son los blancos, cremas, plateados, grises y dorados. Los objetos sólidos de metal aportarán estabilidad a este sector. Los cristales, del elemento Suelo/Tierra, también potencian el Metal. Mantén el sector libre de polvo y no pongas papeleras ni amontones periódicos en él. Evita el empleo de velas, ya que en la cadena de los Cinco Elementos, el Fuego derrite el Metal.

SI ESTE SECTOR NO EXISTE

La naturaleza masculina de Ch'ien tendrá un efecto más adverso en los ocupantes masculinos de la casa. Es muy probable que sufran problemas de comunicación con el mundo exterior y la falta de apoyo de amigos, tutores y compañeros de trabajo. Sin una carga fuerte de yang, su vitalidad, resistencia y energías tenderán a ser más bajas. Serán propensos a los resfriados y a las gripes.

SI ESTE SECTOR ES PROPORCIONALMENTE MÁS GRANDE

El chi del noroeste recibe todo el impacto de la fuerza yang y a veces puede resultar abrumador. Si está bien canalizado, mejorará tu comunicación y los posibles contactos con el extranjero. En cambio, si el espacio está demasiado cargado de yang, tal vez te sientas aislado y desconectado de tus amigos.

SI LA PUERTA PRINCIPAL ESTÁ DE CARA AL NOROESTE

Esto tiene efectos muy potentes y beneficiosos para los ocupantes masculinos de la casa. La fuerza masculina del Cielo entra en la casa y lleva consigo sensación de respeto hacia el padre de la familia. Su posición en la comunidad será destacada, y los amigos y compañeros de trabajo le pedirán muchos consejos.

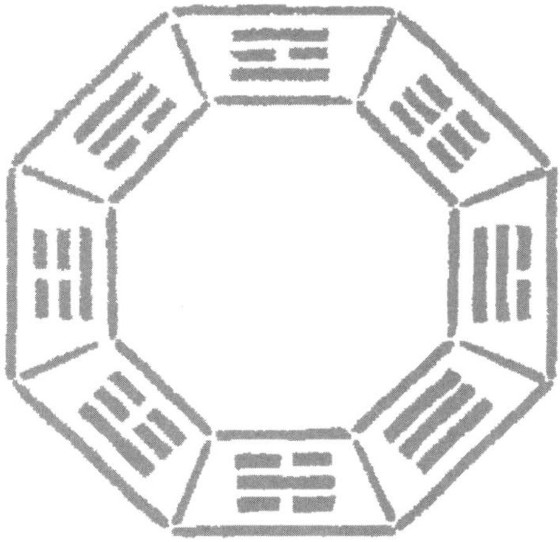

El centro

El sector central de la casa simboliza la armonía y el equilibrio de todo el edificio. Los otros ocho sectores se interrelacionan a través de este sector central. El este y el oeste, el sudoeste y el nordeste, etcétera, se equilibran y complementan entre sí. Para lograr este equilibrio lo mejor es que el sector central esté despejado y no contenga muebles pesados. El chi tiene que fluir sin obstáculos por tu espacio, y si bloqueas esta zona de una habitación, tampoco permitirás la interacción entre los otros sectores. Una excepción a lo anterior podría ser una ventana, si al entrar en esa habitación la ventana y la vista desde ella te significa una distracción agradable. Por esa ventana podría entrar chi cortante, una vista desagradable o una gran pared desnuda. Si pones algo que concentre la atención en el sector central de la habitación, como una alfombra, una mesita de café con un adorno central, los ojos ya no se distraerán con la ventana y se fijarán en este rasgo central.

Los muebles que se coloquen en el centro de una habitación no han de estorbar la libre circulación del chi por el espacio ni deben tener bordes puntiagudos porque darían lugar a un chi cortante. Fíjate en la lámpara que haya en el centro del espacio. Muchas pantallas modernas apuntan hacia abajo en forma de flecha, lo que ocasiona un molesto chi cortante. Tener un chi cortante en el centro de la habitación no ayuda a crear una buena atmósfera. Los colores que potencian ese sector central, asociados con el elemento Tierra/Suelo, son los amarillos, ocres, naranjas, dorados y marrones claros.

Conclusión

Despacito por las piedras: no intentes cambiar demasiadas cosas de una vez. Unos cuantos remedios bien intencionados y que se dejen en su ubicación entre diez y treinta días tienen más poder que veinte remedios que muevas constantemente de sitio.

Prueba primero con unos cuantos remedios de los mencionados en el capítulo 9.

Antes de perfeccionar el Feng Shui en tu espacio vital como hemos explicado en este capítulo, propónte acabar con las fuentes de chi cortante que hemos visto en el capítulo anterior.

El momento del día en que el chi es más poderoso es hacia mediodía, entre las 11 y las 13 horas. Es el mejor momento para aplicar remedios Feng Shui.

Capítulo 11

Cómo evitar los peligros ocultos del viaje

Es indudable que la aplicación de la práctica y de los principios tradicionales del Feng Shui acarrea enormes beneficios. Aunque en su esencia el mundo natural ha cambiado muy poco en el último milenio, dentro de la casa y en nuestro entorno inmediato hay muchos peligros potenciales nuevos que no existían cuando se desarrolló la sabiduría del Feng Shui muchos siglos atrás. Para que nuestras casas sean más cómodas y sanas, podemos recurrir a prácticas tradicionales provenientes de todo el mundo, y beneficiarnos de las nuevas investigaciones sobre los peligros medioambientales y los materiales de construcción potencialmente dañinos. Aunque estos problemas parezcan muy modernos, han sido estudiados durante muchos siglos en China y en otras culturas tradicionales del mundo.

Por el hecho de vivir en una fase yang del desarrollo de la humanidad, a la cabeza de la cual está la ciencia, casi todas las teorías tienen que ser sometidas a las rigurosas pruebas de las leyes cartesianas y newtonianas. Sin embargo, el Feng Shui y las disciplinas a él asociadas proceden de una apreciación más yin de nosotros mismos, de nuestro entorno y de nuestro destino. Por lo tanto, resulta difícil, aunque no imposible, evaluar gran parte de esta valiosa sabiduría desde la actual perspectiva analítica de características yang. Muchas cuestiones que abordaré a continuación se basan en el sentido común, y hay muchas personas que ya las están practicando de manera intuitiva. Todas estas disciplinas tienen como objetivo potenciar el nivel vibratorio de la casa y promover un ambiente de apoyo que impregne nuestra salud, nuestra fortuna y nuestro viaje.

El exceso de equipaje

Todos los objetos de la casa poseen una naturaleza vibratoria propia. Todo lo que compramos, lo que nos regalan, lo que heredamos, etcétera, contiene una frecuencia concreta. En un mundo ideal, nos rodearíamos de cosas, muebles o posesiones que tuvieran una utilidad funcional o que fueran estéticamente agradables para el alma. Rodearnos de objetos con los que no estamos a gusto, que han quedado obsoletos, que están rotos o que apenas utilizamos, lo único que hace es robarnos espacio. El exceso de equipaje en una casa ralentiza el chi, limita nuestra perspectiva de un futuro brillante y, hasta cierto punto, nos conecta más con el pasado que con el futuro.

Personalmente, recomiendo el libro *Clear Your Clutter with Feng Shui* [Ordena tu desorden con el Feng Shui], de Karen Kingston, ya que proporciona una interesante visión general de los beneficios de mantener la casa libre de posesiones no deseadas. Antes de hacer cambios en tu casa según el Feng Shui, despréndete del exceso de equipaje para que pueda darse el mayor número de cambios en tu casa y en tu vida. Para emprender esta importante tarea, hay tres pasos que dar:

1. **Hacerse cargo del exceso de equipaje físico en el hogar.**
2. **Hacerse cargo de las cuestiones emocionales o vibratorias de tu vida.**
3. **Inspirarse en las sugerencias del Paso 3 para trabajar por tu salud y tu bienestar.**

PASO 1

Tendrás que ser despiadado. Toma nota de todas tus posesiones, recorriendo la casa de habitación en habitación, y luego piensa en cuáles de ellas utilizas de una manera regular. El exceso de equipaje son los objetos repetidos, rotos, o que llevan varios meses o años esperando una reparación. La ropa vieja, los regalos que no nos gustan, las revistas antiguas, los aparatos rotos, son exceso de equipaje. La ropa y los utensilios que se utilizan según la época del año no se consideran exceso de equipaje y pueden guardarse fuera de la vista hasta que llegue el momento de ser empleados de nuevo. Procura no caer en el viejo error de llenar el altillo o el sótano con cajas de porquerías que te has prometido revisar algún día. ¡Sé despiadado!

Si eres joven o soltero y vives en un apartamento de alquiler, piensa en dónde has guardado tu exceso de equipaje. ¿En el altillo de tus padres? ¿En el sótano de la casa de tu hermano? De ser así, tendrás que ocuparte también de eso ya que a ellos, a la larga, los perjudicará. ¿Tienes amigos o un vecino que se ha marchado al extranjero y te ha dejado su exceso de equipaje en casa? Si no estás seguro de cuánto tiempo van a dejarlo ahí, ponte en contacto con ellos y aclara la cuestión. Si la respuesta parece vaga, di que no puedes guardarlo más y soluciona el asunto.

PASO 2

Nuestro progreso en la vida puede hacerse más lento si estamos atrapados en el pasado. En el plano emocional o vibratorio, piensa qué cuestiones importantes hay en tu vida. Presta especial atención a conversaciones pendientes con los amigos, la familia, los compañeros de trabajo o tu expareja. Las cuestiones pendientes de nuestras vidas son como los escritorios desordenados con montañas de papeles acumulados. Despejar el ambiente, despejar el escritorio nos abre a posibilidades nuevas. Tómate un tiempo para hacer una lista de las personas a las que debas telefonear, escribir o invitar a un café para resolver malentendidos o cuestiones de importancia.

PASO 3

En el Diagnóstico oriental, el elemento Metal rige los pulmones y el intestino grueso. Ambos órganos son los responsables de la absorción de aspectos del mundo exterior así como de la eliminación de los productos de desecho. La salud y el buen funcionamiento de estos dos órganos vitales se refleja en nuestra capacidad de tratar con el exceso de equipaje en el mundo que nos rodea. Las dificultades respiratorias crónicas o los problemas digestivos llevarán a un inevitable estancamiento físico en nuestro interior y en una visión más pesimista del mundo exterior.

Si crees que éste es un problema que puede afectarte, vuelve a la Tercera parte y revisa los consejos que allí aparecen para reforzar el elemento Metal en tu vida. Además de esos consejos, convierte la limpieza en un ritual diario en vez de considerarla una tarea desagradable. Si lo haces con vivacidad y energía, el estómago razonablemente vacío y una música estimulante que te acompañe, terminarás la limpieza enseguida y, al mismo tiempo, recargarás el chi. En los años setenta, mientras estudiaba mi primer curso de medicina oriental, tenía un trabajo a horas que consistía en limpiar oficinas. Visto retrospectivamente, ha sido uno de los trabajos más revitalizantes, entretenidos y satisfactorios que nunca haya tenido. Pese a que mi posición era humilde, en muchos aspectos era el responsable de crear una buena atmósfera en el edificio. En la actualidad no es extraño encontrar monjes que dedican su vida a las prácticas espirituales, que alternan sus días de estudio con estallidos de limpieza energética.

Como es natural, en todos los sistemas de sanación, la prevención es la mejor cura de todas. Mantén la carga positiva de la casa evitando que se acumule exceso de equipaje y estando abierto a las nuevas posibilidades. Si te rodeas de trastos, polvo, suciedad y chi viejo, lo único que conseguirás será atraer más de eso mismo. ¿Recuerdas que, de niño, nunca deseabas pisar el suelo recién abrillantado de la cocina de tu madre? En cambio, si estaba sucio y lleno de manchas, no te lo pensabas dos veces porque tus pisadas llenas de barro no se notarían tanto. Cuando caminas por una zona rural sin escombros, no sueles encontrarte personas que estén echando ahí sus basuras. En cambio, si hay un solar vacío donde alguien ya ha tirado trastos viejos, al cabo de poco otra persona hará lo mismo. Para decirlo de una manera sencilla, «el gran yin atrae al pequeño yin».

La limpieza del espacio

La limpieza del espacio es un ritual que encontramos en casi todas las culturas tradicionales del mundo. Es una herramienta poderosa que permite al discípulo cambiar la atmósfera de la casa para que deje de tener un chi estancado y éste se vuelva brillante y saludable. En las culturas tradicionales, la limpieza del espacio o la bendición de la casa siempre se ha considerado una medida de vital importancia antes de trasladarse a una vivienda nueva. En Occidente, lo más habitual es realizar una buena limpieza de primavera, celebrar una fiesta para caldear el ambiente o llamar al sacerdote para que bendiga la casa.

Cuando el chi del cuerpo se estanca de forma aguda, los síntomas más frecuentes son la irritabilidad, el cansancio, la falta de entusiasmo o de resistencia y la depresión. Dado que somos seres activos y que ese estado es agudo, resulta relativamente fácil cambiar un chi estancado. Un buen descanso nocturno, un paseo, una ducha fría o una bebida caliente pueden cambiarnos el chi rápidamente. Sin embargo, cambiar el chi de un edificio puede llevar más tiempo, ya que éste absorbe chi estancado a un nivel mucho más profundo. Los materiales de construcción como los ladrillos, el cemento, el acero, la piedra y la madera son mucho más yang que las personas y ocuparán más tiempo tanto para absorber como para descargar la energía. Una sencilla manera de comprobar este punto es visitando un importante edificio público de cierta antigüedad como una biblioteca, un hospital, una iglesia o un ayuntamiento. Con el tiempo, la energía chi relacionada con la actividad de sus ocupantes ha sido lentamente absorbida por el edificio. La atmósfera será muy distinta de la de una guardería moderna en la que los materiales son más ligeros y suaves (más yin), y sus ocupantes, los niños, más vitales, curiosos, energéticos y estimulantes para el entorno.

El objetivo de la limpieza de espacios es dispersar la energía chi estancada en el hogar, renovarla, estabilizarla y «anunciar» la presencia del nuevo ocupante. He aquí algunos ejemplos prácticos de limpieza de espacios, que son de vital importancia para la potenciación del chi de la casa, a fin de despejar el camino para un futuro nuevo en el viaje personal.

Limpieza práctica de espacios

1. LIMPIAR EL CHI PRECEDENTE

Cuando te mudes a una casa o a una oficina nueva, es importante tener en cuenta quién ha ocupado ese espacio antes que tú. La salud, la felicidad y el chi de los habitantes anteriores habrá impregnado la casa. Aunque la casa esté vacía de muebles, el chi seguirá presente. El chi precedente será más intenso en el lugar donde dormían, donde se sentaban y en los «caminos» que seguían los antiguos ocupantes para ir de un lugar a otro de la casa. En cambio, habrá zonas de la casa que apenas utilizaban, como los dormitorios para los invitados o los rincones de algunas habitaciones, donde ciertos muebles escondían esa esquina, impidiendo así que el chi circulara libremente.

A menudo he sentido curiosidad por saber si los políticos recurren a estas limpiezas de espacio. Imagina que te trasladas a la Casa Blanca o al número 10 de Downing Street no sólo como nuevo líder sino como representante del partido que hasta entonces ha estado en la oposición. En algunos casos, inmediatamente después de las elecciones, el nuevo partido sitúa la oficina exactamente en el mismo espacio que su predecesor. Aparte de cambiar los muebles, dar una buena fiesta y reír a costa de la fortuna de su predecesor, ¿qué hacen estos líderes para aportar su nueva intención al espacio?

2. DESPUÉS DE UNA ENFERMEDAD FÍSICA O PSICOLÓGICA

Si tú o alguno de los habitantes de tu casa habéis estado enfermos durante un período largo, la vibración de la vivienda quedará afectada. Cuando alguien está gravemente enfermo en casa, las costumbres cotidianas se ven afectadas, la vida social de los ocupantes queda «inhibida» y hay una atmósfera de quietud, silencio y prensión nerviosa. Tal vez la persona enferma haya sufrido dolores y ansiedad. Para las personas que comparten ese mismo espacio, la energía está más apagada.

Del mismo modo que una buena enfermera tradicional, que lo primero que hace por la mañana es abrir las cortinas, hacerte levantar de la cama para volverla a hacer y ahuecar las almohadas, abrir las ventanas y poner flores nuevas, nosotros también necesitamos cambiar el chi. La limpieza del espacio después de una enfermedad física o psicológica mejorará el chi de la casa y preparará el ambiente ideal para un futuro nuevo y brillante.

3. DESPUÉS DE CAMBIOS IMPORTANTES EN LA VIDA

El estrés de la ajetreada vida cotidiana nos afecta a todos. Pero las peores congojas son las causadas por un divorcio, la viudez, el final de una relación, la pérdida de un trabajo o un cambio de profesión. Una vez superados el dolor, la frustración o la ira, hay que seguir adelante. En vez de consumirse en un ambiente cuyo chi está cargado de pasado, hay que pensar en el futuro. Según el Feng Shui, aferrándonos al pasado no hay progreso posible. No existe presencia física de la persona que hemos perdido ni manifestación física del trabajo que hemos tenido que dejar. Estos recuerdos sólo están en nuestro interior y se manifiestan en nuestro chi, el cual, a su vez, puede ser absorbido por el entorno.

4. DESPUÉS DE UN CONFLICTO EN LA CASA

Un robo, pequeño o grande, en la casa, genera un tipo de chi que tiene que limpiarse. El espacio ha sido violado y muchas personas aseguran sentirse incómodas cuando vuelven a entrar en su casa después de un acontecimiento de éstos. Las discusiones violentas también dejan su impronta en el ambiente. Los piques y peleas constantes durante meses o años seguidos son absorbidos por el espacio y casi crean una atmósfera que propicia más disputas.

5. EMPEZAR DE CERO EN LA VIDA

Tener una idea clara de hacia dónde queremos ir y de lo que queremos hacer está muy bien, pero si el entorno no apoya estas ideas, a menudo nos encontraremos que el camino está bloqueado. Para el éxito de una nueva empresa o relación, es de vital importancia que el entorno nos apoye. Es muy fácil separar el trabajo del hogar en nuestros pensamientos. Imagina que te han ascendido en el trabajo: te sientes estimulado y frente a un desafío. Naturalmente sabrás qué hacer desde el punto de vista laboral, pero, ¿qué apoyo puede proporcionarte la casa en este proceso? Tu trabajo, creatividad y potencial fuera de la casa se apoyan en el lugar en el que vives. Igual que con una relación nueva, limpia las telarañas del pasado para permitir que se presenten nuevas oportunidades en la vida.

Cómo realizar la limpieza

Cada cultura del mundo tiene un sistema diferente de limpiar espacios. En los distintos rituales se han utilizado hierbas, cánticos, pócimas, simbolismos, ceremonias espirituales, bendiciones, sacrificios, presentes, frutas, plantas, agua bendita y, a veces, se hace coincidir el momento de la limpieza con determinados aspectos astrales o ciclos de la luna. Estas limpiezas de espacio pueden inspirarse en la medicina de los indios norteamericanos, las ceremonias celtas, los rituales de los primeros cristianos o en los métodos balineses. Para profundizar más en este aspecto de limpieza ritual, recomiendo los libros *Creating a Sacred Space with Feng Shui* [Cómo crear un espacio sagrado con el Feng Shui], de Karen Kingston, y *Sacred Space* [Espacio sagrado], de Denise Linn.

Para realizar una limpieza de espacio suelen seguirse estos tres pasos:

PASO 1

En primer lugar, es de vital importancia hacer una buena limpieza de primavera en la casa y, al mismo tiempo, deshacerse de todos los trastos viejos. A continuación, se realiza un ritual para purificar aún más el espacio. En él, puede utilizarse cualquiera de los cuatro elementos siguientes: Agua (agua bendita, agua energizada o purificada); Fuego (velas o una hoguera); Tierra (plantas, flores, cristales o sal) y Aire (aceites esenciales, incienso, plumas, campanillas, tambores, música o cantos).

Las ofrendas se realizan colocando estos elementos en distintas partes de la casa. Un discípulo experto suele empezar por la puerta delantera, y luego va de habitación en habitación, utilizando uno de los componentes de Aire, como el incienso, los tambores o los cánticos para mover el chi.

PASO 2

El segundo paso, una vez que el espacio ya está limpio, consiste en depurar y estimular la atmósfera de la casa. Eso suele hacerse con una campana de buena calidad, o con música, plegarias o cánticos.

PASO 3

El tercer paso, tan importante como los demás, consiste en poner la «intención» en el espacio. Cuando éste ya está limpio y ha sido elevado a un nivel vibratorio más alto, deberá llenarse como si se tratase del vacío. Este momento ofrece la oportunidad de crear el tono para el nuevo espacio. La energía chi siempre sigue a la intención. Para crear el tono, es necesario realizar alguna ceremonia. Ésta suele hacerse desde el centro de cada habitación para permitir que tu energía se expanda y llene el espacio al tiempo que declaras tu intención.

No es recomendable hacer una limpieza ritual cuando se tiene el chi bajo, se está cansado o enfermo. Tampoco se aconseja limpiar el espacio de otra persona, siempre es mejor que lo haga un profesional. En el apartado Recursos del final del libro encontrarás información sobre cómo ponerte en contacto con un profesional.

La contaminación electromagnética

Los antiguos practicantes de Feng Shui no tenían ni idea de los tipos de peligros que las generaciones futuras crearían en sus edificios actuales. Los campos electromagnéticos (CE) se dan de manera suave en el mundo natural. Sin embargo, hay investigaciones recientes que sugieren que en la actualidad estamos siendo bombardeados por 200 millones de veces más de contaminación electromagnética que la que nuestros ancestros tenían que soportar. Dado que nuestra estructura celular se carga por medio del chi, los productos químicos y las cargas eléctricas, es inevitable que estos altos niveles de contaminación electromagnética nos afecten. Incluso los que tienen la suerte de poseer una constitución fuerte y un sistema inmunológico saludable pueden sufrir lapsus de memoria, cansancio y jaquecas frecuentes. Sin embargo, las personas con un sistema inmunitario débil son mucho más susceptibles a las infecciones y al desarrollo de enfermedades crónicas.

Las torres de alta tensión (de electricidad) transmiten su efecto a medio kilómetro de distancia, mientras que un reloj eléctrico de mesilla de noche proyecta su campo electromagnético a unos dos metros de distancia. Otras fuentes de contaminación electromagnética que se han colado en nuestros hogares en las últimas generaciones son las cocinas eléctricas, las lavadoras, los secadores de cabello, los microondas, los aparatos de alta fidelidad, los relojes digitales, los televisores, los ordenadores, las luces fluorescentes, las maquinillas de afeitar eléctricas y los teléfonos móviles. Hasta las piedras preciosas de nuestras joyas pueden captar campos electromagnéticos y transmitírnoslos a través de los meridianos y puntos de acupuntura de los dedos, el cuello, las muñecas y las orejas.

Una de las prioridades del Feng Shui es evitar cualquier fuente de energía chi negativa (Sha Chi), por lo que es importante que compruebes las que existen en tu casa o tu oficina. Como ocurre con el Sha Chi, tu principal objetivo será evitarlas. En primer lugar, estudia los lugares donde pases más tiempo: el estudio, la cama, tu sillón favorito, etcétera. Como regla general, es aconsejable apagar todos los aparatos eléctricos cuando no se usen, y también desenchufarlos. Evita, por todos los medios, que haya una caja de empalmes a menos de 1,80 m de la cama. Los campos electromagnéticos de los televisores emiten radiaciones que llegan a los 3 metros. Recomiendo encarecidamente no tener un televisor en el dormitorio. Si tienes hijos pequeños y adolescentes, mira qué fuentes de campos electromagnéticos hay alrededor de la cama. La cantidad de aparatos eléctricos que utilizan los jóvenes en la actualidad es enorme, comparada con la de las generaciones anteriores. Las cantidades excesivas de campos electromagnéticos no sólo perjudicarán su salud sino también su concentración y su estado de ánimo.

Roger Coghill, una autoridad en la investigación del estrés electromagnético y autor de *Electromagnetic Pollution*, ha estudiado el tema en profundidad y ha lanzado al mercado una pequeña y económica herramienta de diagnóstico llamada «FieldMouse» (para más detalles, véase el apartado Recursos). El FieldMouse te ayudará a detectar los niveles de campos electromagnéticos de la casa y te hará ver, desde una perspectiva nueva, esos electrodomésticos silenciosos y aparentemente inofensivos con los que compartimos el espacio.

La mejor manera de reducir los campos electromagnéticos dentro del hogar sería que un electricista te instalase un aparato que corta automáticamente el suministro de corriente eléctrica cuando no se utiliza. De este modo se lograría un entorno más saludable en el dormitorio y se reduciría el consumo de electricidad. Para más consejos sobre estos productos (detectores y eliminadores de estrés electromagnético), ponte en contacto con Coghill Research (véase apartado Recursos). Hay dos aparatos que reco-

Fuentes de campos electromagnéticos

- hornillos eléctricos
- lavadoras
- calentadores de almacenamiento nocturno
- secadores de cabello
- hornos microondas
- equipos de música
- relojes digitales
- televisores
- ordenadores
- mantas eléctricas
- maquinillas de afeitar eléctricas
- luces fluorescentes
- teléfonos móviles

miendo para eliminar o neutralizar la contaminación electromagnética en el hogar. Ambos se conectan mediante un enchufe eléctrico, y también ayudan a neutralizar el estrés geopático (véase más abajo).

1. RadiTech – puede adquirirse en la Dulwich Health Society (véase «Recursos»).
2. Helios 1 – puede adquirirse a Jan Cisek (véase «Recursos»).

En los últimos veinte años, se han realizado numerosos y fiables estudios sobre los efectos en la salud de los materiales de construcción. Este tema tiene cada vez una mayor credibilidad y se está llevando a la práctica en la «ecología de los edificios». En ella se da una mayor comprensión y cuidado de los materiales, partiendo de la base de que la casa es un organismo vivo y que respira. Las investigaciones demuestran que los materiales de construcción, los aislantes y las pinturas no sólo contienen productos tóxicos sino que, además, a veces desprenden niveles bajos de radiactividad durante un período de tiempo muy largo. Para afrontar todas estas cuestiones, hay que dejarse guiar por el sentido común y la intuición, ya que la experiencia sobre estos posibles peligros sólo se remonta a un par de generaciones. Para profundizar más en el tema, véase el apartado Recursos.

El estrés geopático

En los últimos diecisiete años, se han realizado muchos estudios científicos sobre el estrés geopático, y cada vez está más claro que el ocupante de una casa debe abordarlo en serio. Piensa, por un momento, cuánto te gastarías para que un experto revisara la estructura de tu nueva casa. Cada vez más, los propietarios de casas nuevas recurren a los servicios de los consejeros de Feng Shui y a los diseñadores de interiores para saber qué tipo de materiales van a integrar a la vivienda. Por lo tanto, es también lógico contratar a un zahorí profesional para que localice cualquier forma de estrés geopático dentro del hogar y te asesore sobre cómo eliminarlo. Antes de comprar un coche puedes probarlo, hay trabajos con cláusula de rescisión de contrato a los tres meses, puedes vivir con tu amor un par de meses antes de comprometerte más seriamente, pero si quieres comprar una casa, no tienes la posiilidad de primero probarla y luego decidir.

La Tierra vibra con una frecuencia electromagnética de unos 7,83 Hz, que es casi idéntica a la frecuencia de las ondas cerebrales alfa de los seres humanos. Esto lo descubrió el físico W. O. Schumann en 1952, y por ello, a las ondas de esta frecuencia se las llama «ondas Schumann». Dado que una frecuencia electromagnética de unos 7,83 Hz es un componente vital en nuestro entorno natural, las distorsiones extremas de este nivel suelen producir estrés geopático. Si estamos expuestos a frecuencias anómalas demasiado tiempo, el sistema inmunitario se debilita y nos sentimos agotados. Entre otros síntomas hay que destacar los cambios de humor, la apatía, la pereza, la irritabilidad, y una sensibilidad extrema al frío y al calor y a las condiciones climáticas. Estas frecuencias excesivas suelen activar la mente de noche y producir el consiguiente insomnio. Esto, a su vez, rompe el ciclo de la recarga del chi y hace que por las mañanas estemos cansados y seamos ineficaces.

La NASA incorpora a sus naves espaciales imitaciones de la frecuencia electromagnética de la Tierra. Conocidos como «Resonadores Schumann», salvaguardan la salud de los astronautas cuando están fuera de la influencia electromagnética de la Tierra. De manera natural, la Tierra crea su propio campo electromagnético, pero son las alteraciones subterráneas en este campo las que resultan potencialmente peligrosas. Entre las fuentes de energía electromagnética anómala se cuentan la presencia de agua subterránea, las corrientes subterráneas, las cuevas y las construcciones humanas como el alcantarillado, los túneles y las conducciones para los cables eléctricos. Unos depósitos ricos en petróleo o carbón también alteran este campo. Utilizando dos sistemas diferentes, se han localizado en el planeta dos campos electromagnéticos. El primer sistema, el Hartman Net, detecta un entramado que cubre la Tierra siguiendo los ejes norte/sur y este/oeste (sobre las líneas de las latitudes y de las longitudes). El segundo campo puede detectarse con un sistema conocido como la «Parrilla Curry», en la que los campos magnéticos se extienden en dirección nordeste y sudoeste. Estas dos parrillas están opuestas en sentido diagonal, pero, cuando se interceptan, se encuentran rastros de fuertes alteraciones geopáticas.

Hay varios sistemas para detectar estos peligrosos rayos o «ríos negros» en el hogar. Se puede contratar a un zahorí profesional o puedes intentarlo tú mismo. Los zahoríes profesionales utilizan varitas o péndulos, y a veces su intuición. Hay que tener presente que estos rayos son mucho más potentes por la noche y que, uno a uno, no son un problema. Sin embargo, en los puntos donde se cruzan son mucho más fuertes. Es muy importante que te asegures de que no duermes sobre una intersección de estas líneas y que tampoco te afectan cuando estás trabajando en tu estudio o sentado en tu sillón favorito. (Para más información y asesoramiento profesional, véase el apartado Recursos.)

Una solución a corto plazo consiste en poner papel de aluminio, corcho, cartón o plástico bajo el colchón para desviar esos peligrosos rayos, pero es mucho más efectivo desviarlos con cristales estratégicamente situados, ejes de cobre o de hierro. Otra opción es utilizar el excelente aparato RadiTech, antes mencionado, para neutralizar y eliminar el estrés geopático dentro de la casa. Ese aparato se conecta a la corriente y hace silenciosamente su trabajo. También recomiendo leer *Are You Sleeping in a Safe Place?* [¿Duermes en un lugar seguro?] de Rolph Gordon.

Acupuntura terrestre

Aunque el estrés geopático es un término nuevo para designar el chi peligroso que emana del interior de la Tierra, los maestros tradicionales de Feng Shui han sabido, desde hace siglos, cómo se altera el chi. El conocimiento de las misteriosas energías subterráneas combinadas con la capacidad para localizar su ubicación exacta constituye una parte importante del Feng Shui chino y de otras tradiciones geománticas del mundo. El objetivo de todas ellas es el mismo: buscar el chi saludable y evitar el chi negativo o Sha Chi.

Las ocho agujas del método de la brújula de agua, un tratado de la dinastía Ming, aborda los problemas geopáticos de una manera muy similar a la de los expertos modernos. El chi perjudicial emana de las profundidades de la Tierra porque las venas subterráneas, los Ríos Negros o los meridianos están bloqueados, estancados o se hallan en mal estado. Estos Ríos Negros se consideran especialmente peligrosos en sus puntos de convergencia con otros, aunque la distancia en vertical entre ellos sea muy grande. También existe relación entre los meridianos dañados de la Tierra y su efecto en el paisaje que se encuentra por encima de éstos. Fuentes típicas de estos daños los producen las líneas férreas, las autopistas, los túneles, las excavaciones para terraplenes, las minas y las canteras. Los cimientos profundos para edificios, sobre todo si son de acero, también afectan a estos meridianos vitales. También producen alteraciones las centrales eléctricas, las bases militares, los postes de telégrafo y hasta los semáforos. En un plano más vibratorio, el Sha Chi puede deberse a sufrimientos humanos, como las guerras, la quema de brujas y las ejecuciones. Por último, y en un plano aún más sutil, construir una casa, un hospital, un aeropuerto o un edificio público sin la tradicional colocación de la primera piedra como ritual también puede causar problemas. Esto se debe a que la construcción y la alteración del terreno sin haber hecho ofrendas a los espíritus de la Naturaleza cuya tierra ha sido utilizada se considera una herida y, por lo tanto, generará Sha Chi.

La acupuntura terráquea es un poderoso remedio que se emplea para curar el Sha Chi enfermo y transformarlo en un Sheng Chi sano. Para la acupuntura de la Tierra se utilizan «agujas» distintas, como varillas de metal, bastones de madera, piedras y cristales. Se meten en la tierra o se colocan en la superficie de ésta en los puntos correctos de acupuntura durante un período de tiempo concreto. El «tratamiento» puede durar entre unos pocos segundos a un par de horas. Con un meridiano ancho o con un defecto geológico importante, es posible que la «aguja» tenga que dejarse clavada permanentemente. También puede emplearse el Fuego, en forma de velas, incienso o una hoguera. Otras agujas permanentes que suelen utilizarse son las estructuras con agua en movimiento, las esculturas, los monolitos o un árbol auspicioso recién plantado. (Para más detalles sobre acupuntura de la Tierra, véase el apartado Recursos.)

En los textos chinos, el dragón simbolizaba las vías de energía concentrada

Quinta parte

La integración

Capítulo 12

Cómo integrar los componentes del Feng Shui

Ahora tendrás la oportunidad de revisar toda la información que hasta aquí se te ha dado y decidir qué asuntos debes abordar a continuación en tu viaje personal. En este apartado, te llevaré paso a paso por todo el material que hemos estudiado hasta ahora para que puedas:

1. Empezar a propiciar los cambios que necesitas en tu viaje actual.

2. Utilizar estos componentes de nuevo en el futuro a fin de revisar tu situación en un momento crucial de tu viaje personal, como mudarse de casa, empezar una relación, un cambio de estación, o cuando notes que tu chi está bajo o estancado.

Quién eres

A partir del material estudiado en el capítulo 3, habrás obtenido una nueva perspectiva de tu personalidad basada en tu horóscopo único, calculado con el Chi de las Nueve Estrellas. Desde esta nueva perspectiva, podrás ver dónde están tus puntos fuertes creativos actuales y si los estás utilizando o no. ¿Qué elemento es tu Número Principal? ¿Está reflejado este elemento en tu espacio vital?

¿Cómo potenciar este elemento en tu espacio con las distintas herramientas descritas en el capítulo 2, y el perfeccionamiento de éstas del capítulo 9?

En tu vida actual, ¿cómo te relacionas con los demás? Echa un vistazo a la tabla de la página 100, en el capítulo 4, en el que anotaste tu horóscopo junto con el de los miembros de tu familia, tu pareja, tus hijos y tus compañeros de trabajo. ¿Te llevas bien con ellos? ¿Hay posibles antagonismos? Aunque vista sobre el papel la relación te parezca difícil, si sabes quién eres y sabes respetar a los demás, la relación se llenará de una mayor comprensión.

Dónde estás

A partir de las tablas y de la información del capítulo 4 conocerás qué Casa ocuparás en un año concreto. Junto con este material, verás lo que potencialmente te espera por delante. ¿Navegas con la corriente a favor o en contra? Cuando planeo mis actividades anuales, siempre me parece útil ver la imagen general de lo que quiero conseguir. En el proceso de tomar decisiones, he descubierto que colaborar con la Casa que ocupo en vez de oponerme a ella, facilita el éxito.

Si, por ejemplo, ocupas la Casa 4 (movimiento sin estabilidad), deberás tener en cuenta que, en tales circunstancias, es muy fácil dejarse llevar por el entusiasmo y comprometerse en demasiadas cosas, para descubrir luego que no has podido cumplir tus promesas. En cambio, puedes utilizar esta fuente de chi recién encontrada para continuar o expandir lo que ya empezaste el año anterior (Casa 3). Cada Casa tiene sus ventajas y sus peligros.

Las direcciones

Con el capítulo 5, habrás averiguado qué direcciones evitar o seguir en un momento concreto. Igual que un navegante que tiene en cuenta las mareas, las corrientes y el viento, saber cómo fluye el chi para ti en un año concreto te ayudará a tomar decisiones que vayan a favor de la corriente y no en contra de ésta. Examina retrospectivamente tu vida para ver cuándo se dieron los cambios más importantes, mira qué dirección era la implicada y piensa si el cambio fue fácil o difícil.

La salud

Los niveles de chi están en un constante estado de flujo que son un reflejo de tu resistencia, tu apetito y tu bienestar general. Estos niveles fluctuantes de chi no son tan previsibles como las fluctuaciones astrológicas que se descubren con la astrología de las Nueve Estrellas. Como tú eres un componente vital en la práctica y en la puesta en marcha de un Feng Shui que resulte beneficioso, es importante valorar el estado de tu chi actual. A partir de la información que se encuentra en el capítulo 5, empezarás a descubrir parte de esa fascinante disciplina que ha evolucionado con los siglos a partir del Diagnóstico oriental. Podrás utilizar este programa de autodiagnóstico una y otra vez, siempre que quieras revisar tus necesidades de cara al futuro del viaje.

En el capítulo 6, he explicado que hay caminos muy distintos para reequilibrar el chi en un período de entre 10 a 30 días. En este capítulo no sólo se explica cómo propiciar el cambio interior sino también como realizar cambios en casa según el Feng Shui. Recuerda que cualquier remedio Feng Shui que apliques a la casa con respecto a tu salud actual deberá revisarse de vez en cuando. El Feng Shui identifica tus puntos débiles y tus puntos fuertes y hace que el viaje sea mucho más fluido.

El punto principal que recordar cuando hablamos de la salud es que vemos el mundo a través de nuestro estado actual. Si adviertes, por ejemplo, que tu estado de salud actual revela una carencia de la energía Metal (estancamiento agudo relacionado con los pulmones o con el intestino grueso), tu «aspecto» será melancólico, depresivo, retraído y pesimista. Esto, a su vez, hará que tu chi se sienta más a gusto en un entorno de características similares, como lugares aislados, oscuros y fríos. Siguiendo en la misma línea, te apetecerán las comidas, actividades y estilos de vida que más reflejen el desequilibrio del Metal, como las comidas excesivamente cocidas o recalentadas, una existencia solitaria o una actividad intelectual. En este caso, la solución está en integrar más atributos positivos del Metal mediante el Feng Shui y en apoyar este elemento con su elemento precedente, Suelo/Tierra.

El Feng Shui

Empieza siempre con la «imagen general», la forma, el paisaje, el trazado y el chi de tu entorno inmediato. Esto es fundamental cualquiera que sea la escuela o sistema de Feng Shui en el que te inspires. Es como construir los cimientos de un edificio o labrar la tierra antes de cultivarla. Neutraliza y desvía el chi negativo obvio y dispón las habitaciones desde la perspectiva del Feng Shui espacial, tal como se ha explicado en el capítulo 8.

En el Feng Shui tradicional hay tantos niveles distintos que en el capítulo 10 he decidido compartir contigo uno de los sistemas fundamentales de la Escuela de la Brújula más sencillos de comprender y de aplicar. Cuando hayas identificado cuál de las ocho aspiraciones vitales necesitas o deseas potenciar en este momento, podrás utilizar las herramientas mencionadas en los capítulos 2 y 10 para propiciar esos cambios. Aquí también, como en la salud y en la astrología, deberás revisar estas aspiraciones de vez en cuando. Si bien ahora pueda parecerte adecuado potenciar tu carrera, por ejemplo, dentro de seis meses tal vez descubras que has perdido contacto con la familia y que deberás potenciar ese sector concreto de la casa.

En mis primeros años de práctica del Feng Shui, descubrí algo que tengo que comunicarte. Vi que el Feng Shui era mucho más efectivo si, al tiempo que potenciaba en casa el sector correspondiente a mi aspiración del momento, también lo hacía en mi lugar de trabajo. Ya sea un escritorio, una oficina o una clínica, ese espacio también refleja cuáles deben ser tus aspiraciones en casa y debe mantenerse libre de trastos acumulados, exceso de equipaje o estancamiento. También es recomendable llevarse con uno la brújula al alojarse en un hotel o pasar el fin de semana en casa de los amigos. Ser consciente de tu espacio y hacer pequeños ajustes en el entorno en que duermes marca una gran diferencia. Recuerda que tú mismo eres como un Bagua viviente y andante.

La intención

El uso efectivo del Feng Shui depende de la fuerza y de la cualidad de la intención que pongas en la empresa. En muchas prácticas tradicionales del Feng Shui, los remedios siempre iban acompañados de algún tipo de ritual. Si primero se realizaba una limpieza del espacio con cánticos, símbolos, tañidos de gongs o incienso y se declaraba la intención, el poder de los remedios aumentaba debido precisamente a esa declaración de intención. La hora del día también es importante. El chi es más activo entre las siete de la mañana y la una de la tarde. Mover un mueble sin pensar en ello, colgar una pintura nueva mientras se tiene en mente la cena o preguntarse incluso si va a ocurrir algo, frena la posibilidad de un resultado positivo. Los cambios deben hacerse con la mente clara, sin distracciones y con una clara intención.

En un plano más subliminal, los remedios que utilizamos en el Feng Shui también actúan como recordatorios de esa intención. Cada vez que veas ese cristal, esa planta o la nueva posición de la cama, inconscientemente recordarás lo que intentas conseguir en tu viaje. Es fácil comprender que, una vez que hayas dejado bien claro cuál es tu intención, el viaje y los cambios empezarán a enfilar el camino adecuado.

Ampliación de los estudios

El Feng Shui es, sin lugar a dudas, una disciplina fascinante de la que todos podemos beneficiarnos. Como cualquier otra sabiduría tradicional, hay distintos caminos entre los que elegir. La información que he reunido en este libro se basa, principalmente, en lo que he descubierto que a mí me ha funcionado junto con lo que he aprendido como practicante, es decir, que esos descubrimientos sean accesibles y prácticos a los demás. Lo que tienes ante ti es una puerta a esa cornucopia de estudio y de práctica. En el Feng Shui hay muchos más niveles que no podría ni empezar a esbozar siquiera en un libro de estas dimensiones. Para su total comprensión, los componentes astrológicos del Feng Shui requieren profundos estudios y muchos años de práctica paciente y precisa. Si te atrae este aspecto del Feng Shui, en el apartado Recursos encontrarás varios libros recomendados.

Si quieres aprender más, aparte de leer esos libros, ¿por qué no asistes a una conferencia introductoria o a un seminario, o te matriculas en una de las escuelas que ofrecen preparación especial para profesionales de Feng Shui? No se trata sólo de un viaje apasionante, sino que, además, tus compañeros compartirán contigo el deseo de aprender más y el compromiso de hacerlo. Procura estar abierto a todo lo que oigas o leas, ya que se divulgan muchos enfoques y perspectivas distintas y cada una de ellas tiene su valor. Para mí, el Feng Shui consiste en crear salud, fortuna y prosperidad, lo cual puede resumirse en una sola palabra: libertad. Cuando uno es crítico, dogmático, rígido, intolerante, no tiene libertad. Tener libertad es mucho más que ser flexible y adaptable en un mundo cambiante: es la esencia de nuestro progreso en el viaje de la vida.

Despacito por las piedras

Cuando empezamos a estudiar una disciplina nueva, corremos el peligro de dejarnos llevar por ella. En nuestra excitación y emoción, queremos aplicar el Feng Shui a todos los centímetros cuadrados de nuestro espacio y al de los demás. Cuando yo empecé, también me sentí así, pero ahora comprendo que unos cuantos cambios bien intencionados y adecuados tienen mucho más significado que treinta o cuarenta reajustes realizados a toda prisa. Deja que pasen entre diez y treinta días para empezar a notar los efectos de los remedios. Es muy tentador querer trabajar en todos los sectores de la casa, e incluso puedes llegar a pensar que no habrás hecho bien el trabajo hasta que no hayas utilizado todos los remedios de este libro. En cualquier disciplina existente, un profesional puede detectar un problema y propiciar un cambio sencillo y efectivo sin causar un caos innecesario. Sin embargo, para que esto sea posible se necesitan muchos años de experiencia, intuición y práctica. El Feng Shui es muy parecido. Si movemos las cosas constantemente y nunca tenemos claro cuál es nuestra intención, los árboles nos impedirán ver el bosque. Sé paciente, curioso, e intenta mantener la sencillez y el sentido práctico. Si descubres que con un solo movimiento, el resto de las piezas descolocadas encuentran su lugar, ¡eureka! ¡Habrás comprendido el Feng Shui!

Buen viaje

Te deseo todo el éxito posible en tu viaje por la vida, y sé que este libro puede ser una valiosa herramienta en tu equipaje. Utiliza la información del mismo modo en que utilizarías una brújula. Compruébala de vez en cuando, para que apoye y dé cohesión a tu viaje, a tu voluntad y a tu sueño. Siempre he pensado que el Feng Shui es la manera más efectiva de convertir en realidad física mi sueño y mi intuición. Por el hecho de vivir en un mundo cambiante, es importante saber quiénes somos y dónde estamos, y advertir que nuestro mundo interior y el exterior están interconectados. Esta sabiduría tan antigua que nos ha llegado de China puede parecer fuera de lugar en estos tiempos modernos, pero te aseguro que, dentro de treinta años, todo el mundo la conocerá. No sólo aceptaremos más fácilmente el concepto y la práctica del Feng Shui, sino que se dará una comprensión fundamental de que todos los fenómenos están interrelacionados. Hemos vivido demasiado tiempo en un mundo de segregación y división que ha fomentado una visión introspectiva y corta de miras de nosotros mismos, de nuestro entorno y de nuestro futuro. Espero que tu experiencia con el Feng Shui potencie tu visión y tu fe en el futuro que nos aguarda.

Glosario

Aspiraciones vitales:	Representaciones de las direcciones de la brújula en el Bagua.
Bagua:	Una representación circular de ocho trigramas.
Chi (o Ki):	El «aliento cósmico»; la energía o fuerza motivadora de la vida.
Chi cortante:	*véase* Flecha secreta.
Cinco Elementos:	Agua, Fuego, Tierra, Metal y Madera.
Cuadrado Mágico:	*véase* Lo Shu.
Escuela de la Brújula:	Escuela de Feng Shui que utiliza la brújula de Lo P'an.
Escuela de la Forma:	Utilización del paisaje para detectar el flujo de chi positivo.
Feng:	Viento.
Feng Sha:	Viento envenenado.
Flecha envenenada:	*véase* Flecha secreta.
Flecha secreta:	Una influencia potencialmente destructiva de chi negativo.
Hexagrama:	Un símbolo formado por ocho líneas enteras o partidas que constituyen dos trigramas. Hay 64 hexagramas diferentes.
I Ching:	*El Libro de los Cambios*, el oráculo milenario chino basado en los 64 hexagramas.

Ki:	*véase* Chi.
Kua:	Un trigrama.
Lo P'an / Luo P'an:	Brújula de Feng Shui.
Lo Shu:	Cuadrado Mágico taoísta con nueve Casas según la secuencia de trigramas del Cielo Posterior.
Lung:	Dragón.
Lung Mein:	Meridianos del Dragón o Venas.
Pakua:	*véase* Bagua.
Puntos cardinales:	Norte, sur, este y oeste.
Puntos intercardinales:	sudoeste, sudeste, noroeste y nordeste.
Sha Chi:	Chi peligroso y dañino.
Shen:	Espíritus.
Sheng Chi:	Chi saludable.
Shien-Sheng de Feng Shui:	Maestro de Feng Shui.
Shui:	Agua.
Taoísmo:	Creencia china en el Tao, «El camino o la vía», que se basa en la armonía y la fluidez.
Trigrama (o Kua):	Símbolo formado por tres líneas horizontales (enteras o partidas), conocidas también como Kua, y que representan el yin o el yang. Hay ocho trigramas en total. Dos trigramas componen un hexagrama.
Yang:	Energía activa o motivadora.
Yin:	Energía pasiva o sedentaria.

Recursos

LIBROS

FENG SHUI

Simon Brown, *Practical Feng Shui,* Ward Lock, 1997.

Lam Kam Chuen, *The Feng Shui Handbook*, Gaia Books, 1996.

E. J. Itel, *Feng Shui*, Graham Brash, 1995.

Man-Ho Kwok y Joanne O'Brien, *The Elements of Feng Shui*, Element Books, 1996.

Man-Ho Kwok y Joanne O'Brien, *The Feng Shui Kit*, Piatkus, 1995.

Gina Lazenby, *The Feng Shui House Book*, Conran Octopus, 1998. [Hay traducción en castellano: *El Feng Shui en la decoración,* Naturart, Barcelona, 1998.]

Jami Lin, *Contemporary Earth Design*, Earth Design, 1997.

Evelyn Lipp, *Chinese Geomancy*, Times Books International, 1979.

Sara Rossbach, *Feng Shui*, Rider, 1988.

–, *Interior Design wiht Feng Shui*, Century Publishing, 1988.

Raphael Simons, *Feng Shui Step by Step*, Rider, 1996.

Stephen Skinner, *The Living Earth Manual of Feng Shui*, Penguin Books, 1996.

–, *Feng Shui 1999*, Parragon, 1998.

William Spear, *Feng Shui Made Easy*, Thorsons, 1995. [Hay traducción en castellano: *Feng Shui,* Robin Book, Teia (Barcelona), 1996.]

Sara Surety, *Feng Shui for Your Home*, Rider, 1997.

Lilian Too, *The Complete Illustrated Guide to Feng Shui*, Element Books. [Hay traducción en castellano: *Guía completa ilustrada del Feng Shui*, Edic. Oniro, Barcelona, 1997.]

Lilian Too, *Essential Feng Shui*, Rider, 1998.

Derek Walters, *The Feng Shui Handbook*, Aquarian Press, 1991. [Hay traducción en castellano: *El gran libro del Feng Shui*, Edic. Obelisco, Barcelona, 1997.]

Eva Wong, *Feng Shui*, Shambala Publications, 1996. [Hay traducción en castellano: *Libro completo de Feng Shui*, Gaia Ediciones, Madrid, 1997.]

LIMPIEZA DE ESPACIOS

Karen Kingston, *Creating Sacred Space with Feng Shui*, Piatkus, 1996. [Hay traducción en castellano: *Hogar sano con el Feng Shui*, Robin Book, Teia, Barcelona, 1998.]

Denise Linn, *Sacred Space*, Rider, 1995. [Hay traducción en castellano: *Hogar sano,* Robin Book, Teia, Barcelona, 1998.]

ABUNDANCIA DE COSAS EN DESORDEN

Karen Kingston, *Clear Your Clutter with Feng Shui*, Piatkus, 1998.

Declan Treacy, *Clear Your Desk*, Century Business, 1992. [Hay traducción en castellano: *Ordena tu despacho,* Temas de hoy, Madrid, 1992.]

JARDINERÍA

Gill Hael, *The Feng Shui Garden*, Aurum Press, 1998.

ARQUITECTURA E INTERIORISMO

T. Mann, *Sacred Architecture*, Element Books, 1993.

David Pearson, *The Natural House Book*, Conran Octopus, 1992. [Hay traducción en castellano: *Arquitectura natural: en busca del hogar sano y ecológico*, RBA, Barcelona, 1994.

ENERGÍA GEOPÁTICA Y RADIACIÓN

David Cowan y Rodney Girdlestone, *Safe as Houses*, Gateway Books, 1996.

Rolf Gordon, *Are You Sleeping in a Safe Place?*, The Dulwich Health Society, 130 Gypsy Hill, Londres SE19 1PL.

Jane Thurnell-Read, *Geopathic Stress*, Element Books, 1995.

GEOMANCIA

Peter Dawkins, *Zoence*, Wigmore Publications, 1995.

Martin Palmer y Nigel Palmer, *Sacred Britain*, Piatkus, 1997.

VARILLAS METÁLICAS Y PÉNDULOS

Sig Lonegren, *Sig Lonegren's Dowsing Rod Kit*, Virgin Books, 1995. [Hay traducción en castellano: *El kit del péndulo*, Martínez Roca, Barcelona, 1991.]

HOGAR Y SALUD

Jane Alexander, *Spirit of the Home*, Thorsons, 1998.

Susie Chaizzari, *The Healing Home*, Rider, 1998.

Dennis Fairchild, *Healing Homes*, Wave Field Publication, 1996.

ASTROLOGÍA DE LAS NUEVE ESTRELLAS

Takashi Yoshikawa, *The Ki*, Rider, 1998.

Michio Kushi, *Nine-Star Ki*, One Peaceful Press, 1995.

Rex Lassalle, *Grasshopping*, Lassalle, 1998.

Bob Sachs, *The Complete Guide to 9-Star Ki*, Element Books, 1992. [Hay traducción en castellano: *Numerología china: el ki de las Nueve Estrellas,* Edic. Obelisco, 1995.]

Jon Sandifer, *Feng Shui Astrology*, Piatkus, 1997.

Gerry Thompson, *Feng Shui Astrology for Lovers*, Thorsons, 1998.

ALMANAQUE DEL KI DE LAS NUEVE ESTRELLAS

9 Ki Resources, P.O. Box 638, Great Barrington, MA 01230-0638, Estados Unidos.

MEDICINA ORIENTAL

Ted Kaptchuk, *Chinese Medicine*, Rider, 1983. [Hay traducción en castellano: *Medicina china: una trama sin tejedor*, La liebre de marzo, Barcelona, 1995.]

Michio Kushi, *Holistic Health*, Japan Publication, 1993. [Hay traducción en castellano: *Salud holística con la macrobiótica*, Edaf, Madrid, 1997.]

Jon Sandifer, *Acupressure*, Element, 1997.

–, *The 10 Day Re-Balance Programme*, Rider, 1998.

Tiendas y servicio de venta por catálogo

Denise Linn, P.O. Box 75657, Seattle, WA 98125-0657, Estados Unidos.

Esoterica, 5ª Devonshire Road, Londres W4 2EU, Reino Unido.

The Feng Shui Catalogue, Green Dragon House, 16 Goldsmith Road, Londres W3 6PX, Reino Unido.

The Feng Shui Company, 37 Ballard House, Norway Street, Londres SE10 9DD, Reino Unido.

Feng Shui Warehouse, P.O. Box 3005, San Diego, Ca 2163-1005, Estados Unidos.

The Geomancer, P.O. Box 250, Woking, Surrey GU21 1YY, Reino Unido.

Acupuntura de la Tierra

Landscope, Beech View, Crowborough Road, Nutley, East Sussex TN22 3HY, Reino Unido.

Detectores y neutralizadores de estrés electromagnético

Coghill Research Laboratories, Lower Race, Pontypool, Gwent NP4, 5UF, Reino Unido.

Neutralizadores de estrés geopático

Jan Cisek, 8 The Warwick, 68 Richmond Hill, Richmond, Surrey TW10 6RH, Reino Unido.
Dulwich Health Society, 130 Gypsy Hill, Londres SE19 1PL, Reino Unido.
The Fortunate Blessings Foundation, 24 Village Green Drive, Litchfield, CT 06759, Estados Unidos.

Revistas

Feng Shui for Modern Living, 1-5 Clerkenwell Road, Londres EC1M 5PA, Reino Unido.
Feng Shui Journal, P.O. Box 3005, San Diego, CA 92163-3005, Estados Unidos.
Feng Shui Guild, P.O. Box 766, Boulder, CO 80306, Estados Unidos.

Sitios WEB

Chinese Feng Shui Services International: http://www.fengshui.uk.com
Feng Shui Emporium: http://www.luckycat.com
Feng Shui for Modern Living: http://www.fengshui-magazine.com
Feng Shui Network International: http://www.fengshuinet.com
Feng Shui Society Home Page: http://www.fengshuisociety.org.uk.
The Geomancer: http://www.dragonmagic.com
Roger Green: http://www.real.net.au./fengshui
Karen Kingston: http://www.spaceclearing.com
Denise Linn: http://www.qed-productions.com
Jon Sandifer: http://www.jonsandifer.com
William Spear: http://membersaol.com/fengshuime/wmhtml
Lilian Too: http://www.lilian-too.com

Organizaciones no lucrativas

The Feng Shui Society, 377 Edgware Road, Londres W2 1BT, Reino Unido. Tel.: 07050 289200; e-mail: karenayers@fengshuisociety.org.uk
Sitio web: http://www.fengshuisociety.org.uk

International Feng Shui Society, 58 Tristania Street, Loganholme 4129, Queensland, Australia
e-mail: lccc@ozemail.com.au
Fax: ++ 61 738013217

Cursos de Feng Shui

Para profundizar más en el Feng Shui hay varios caminos posibles. Aparte de la lectura de los textos recomendados, se puede asistir a una conferencia, consultar a un especialista profesional acerca de la propia casa, asistir a un congreso internacional, apuntarse a un seminario de fin de semana o encontrar una escuela de formación de profesionales.

Si quieres hacerte especialista profesional, te aconsejaría que escribieras a cualquiera de las escuelas citadas en *Feng Shui for Modern Living*, o que te pusieras en contacto con la Feng Shui Society del Reino Unido, o con la International Feng Shui Society de Australia, donde te facilitarán listas de escuelas.

Es importante recordar que en el momento presente (1999), no existen programas, regulaciones ni titulaciones reconocidas. Por lo tanto, tendrás que informarte en cada escuela concreta y ver qué puede ofrecerte, quiénes son los profesores y qué material de apoyo y seguimiento recibirás mientras estudies. Como con cualquier otra disciplina, la mejor manera de estudiar es hacer el trabajo básico, con todas las horas de dedicación que te sea posible. Llegar a dominar el Feng Shui hasta el punto de poder tener una relación consejero/cliente suele llevar años. Y aun así, siempre quedan cosas por aprender. El Feng Shui es una disciplina para toda la vida, y el conocimiento que se adquiere con los estudios necesita ser asimilado. A todos nos cuesta años madurar lo suficiente para llegar a consejeros o especialistas profesionales.

La Feng Shui Society (Reino Unido)

La Feng Shui Society se fundó en 1993 como asociación sin ánimo de lucro para difundir los principios y los conceptos del Feng Shui a fin de contribuir a la creación de entornos armoniosos para los individuos y para la sociedad en general. La Sociedad funciona como centro de intercambio de información y de experiencias, tanto para los profesionales de la comunidad Feng Shui como para las demás personas que quieran adquirir este conocimiento y aplicar sus principios a su vida. La Feng Shui Society ofrece a sus miembros:

- Un programa de los actos de la Sociedad en todo el Reino Unido.
- Grupos de discusión y estudios de casos concretos.
- Una revista mensual con artículos y reseñas bibliográficas.
- Biblioteca, videoteca y fonoteca.
- Folletos informativos sobre libros, cursos, tiendas, consejeros de Feng Shui, y una excelente introducción a los distintos estilos y perspectivas del Feng Shui.

Consejeros registrados de la Feng Shui Society

En 1997, la Society solicitó a sus miembros profesionales que considerasen la posibilidad de crear un corpus profesional que pudiera, inicialmente, establecer un código ético para los practicantes de Feng Shui y crear, después, una regulación académica para las personas que quieran dedicarse a consejeros profesionales de Feng Shui. Los miembros actuales registrados como consejeros de la Feng Shui Society acordaron, aprobaron y firmaron un código ético voluntario. Este fue el primer paso y el más importante para unificar criterios entre los practicantes de Feng Shui. En 1998, la

Sociedad se marcó un plazo de dos años para establecer unas regulaciones académicas y educativas que suscribieran las diversas escuelas, practicantes y consejeros de Feng Shui y que, a partir de ellas, se crearan los distintos títulos académicos necesarios para ejercer esta actividad. Se trata de una cuestión muy delicada, debido a los muchos estilos y enfoques diferentes que existen en esta disciplina, pero, como mínimo, ha abierto el camino del diálogo, y en Estados Unidos y Australia hay cada vez más interés por lo que la Sociedad ha iniciado.

Seminarios y consultas con Jon Sandifer

Para más detalles sobre mi servicio de consultas, los programas de mis cursillos en todo el mundo y mis otros libros, puedes ponerte en contacto conmigo en:

Jon Sandifer
P.O. Box 69
Teddington
Middlesex TW 11 9SH
Reino Unido

Tel/Fax: 0181-977 8988
e-mail: jon_sandifer@compuserve.com
sitio web: http://www.jonsandifer.com

Otros libros de Ediciones Urano

Feng Shui para occidente

El Feng Shui (a veces llamado «el arte de la ubicación») podría definirse como el arte de mejorar la configuración de cualquier espacio. En este libro, la autora nos presenta este antiguo arte chino y nos ofrece explicaciones claras y concisas que responden a las necesidades específicas de nuestro modo de vida occidental.

Con estas orientaciones y algo de práctica, podrás diagnosticar y sanar tu lugar de residencia o de trabajo y crear armonía, comodidad y equilibrio en casi cualquier espacio, tanto si se trata de una oficina llena de gente como de la residencia de una familia numerosa o un pequeño apartamento.

Feng Shui habitación por habitación

La popularidad del Feng-Shui en el mundo occidental aumenta día a día como resultado de sus extraordinarios efectos positivos. Este libro te introducirá en sus secretos de la forma más fácil y amena.

Recorrerás habitación por habitación todos los rincones de tu casa y conocerás los problemas más comunes y sus soluciones. Las explicaciones de la autora, junto con las fotos ilustrativas, te mostrarán que el Feng-Shui no es una técnica oriental complicada y difícil de aplicar. Al contrario, descubrirás que con pocos recursos puedes convertir tu casa en un lugar que potencie tu salud, tu felicidad y tu prosperidad.

La misión de tu alma

Lynda Brady y Evan St. Lifer te proponen explorar la verdadera naturaleza de tu alma con una sencilla técnica llamada astrología kármica que, a diferencia de la popular astrología de los signos solares, no necesita de una carta astral. Toda la información la obtendrás instantáneamente al descubrir el signo que gobierna la misión de tu alma.

A partir de tu fecha de nacimiento y ayudado por sencillas tablas que revelan los signos y planetas que gobernaban el momento de tu advenimiento, descubrirás los hábitos que necesitas dejar marchar y las cualidades escondidas que necesitas desarrollar para alcanzar tu verdadero camino, la misión que te fue confiada.

Tecnologías del antiguo Egipto

La explicación habitual de que la Gran Pirámide de Gizeh sólo era una tumba no corresponde a la realidad de los hechos (en ninguna de las numerosas pirámides de Egipto se ha encontrado jamás un enterramiento original) y deja sin explicación muchos detalles.

El autor analiza cámara a cámara, estructura tras estructura, la Gran Pirámide de Gizeh. Su minuciosa investigación le lleva a concluir que la Gran Pirámide era en realidad una «máquina», una central productora de energía que, mediante el uso de un granito especial muy rico en cuarzo, transformaba los movimientos naturales de la corteza terrestre en electricidad, logrando así una fuente de energía cuyo aprovechamiento todavía no hemos descubierto.